LOI DU 9 AVRIL 1898

SUR

LES ACCIDENTS DU TRAVAIL

DROITS

DES

PATRONS ET OUVRIERS

PAR

PAUL JACQMIN

DOCTEUR EN DROIT, AVOCAT A LA COUR D'APPEL DE PARIS

ET

RENÉ D'ESTAINTOT

AVOCAT A LA COUR D'APPEL DE PARIS

PARIS

LIBRAIRIE PLON

E. PLON, NOURRIT ET Cie, IMPRIMEURS-ÉDITEURS

RUE GARANCIÈRE, 10

—

1899

LES ACCIDENTS DU TRAVAIL

DROITS

DES

PATRONS ET OUVRIERS

D'APRÈS LA LOI DU 9 AVRIL 1898

L'auteur et les éditeurs déclarent réserver leurs droits de reproduction et de traduction en France et dans tous les pays étrangers, y compris la Suède et la Norvège.

Ce volume a été déposé au ministère de l'intérieur (section de la librairie) en août 1899.

SUR

LES ACCIDENTS DU TRAVAIL

DROITS

DES

PATRONS ET OUVRIERS

PAR

PAUL JACQMIN

DOCTEUR EN DROIT, AVOCAT A LA COUR D'APPEL DE PARIS

ET

RENÉ D'ESTAINTOT

AVOCAT A LA COUR D'APPEL DE PARIS

PARIS

LIBRAIRIE PLON

E. PLON, NOURRIT et Cⁱᵉ, IMPRIMEURS-ÉDITEURS

RUE GARANCIÈRE, 10

1899

AVANT-PROPOS

La loi du 9 avril 1898, qui va devenir applicable au moment où nous écrivons ces lignes, a déjà donné naissance à de nombreux commentaires. Nous citerons notamment les ouvrages de M. Serre (1), conseiller à la Cour de cassation, et de M. Sachet (2), président du tribunal de Vienne.

M. le conseiller Serre semble n'avoir pas voulu prévoir toutes les difficultés qui résulteraient de l'application de la loi nouvelle. Nous voudrions avec lui que cette application fût « entreprise et « poursuivie de la part de tous, ouvriers ou chefs « d'industrie, avec un égal esprit d'équité, de mo- « dération et d'impartialité, avec un égal désir de « paix et de concorde ». — Mais on peut craindre, à cet égard, de cruelles déceptions.

(1) *Les accidents du travail*, par M. Edouard Serre, conseiller à la Cour de cassation; chez Berger-Levrault, édit. Paris, 1899.

(2) *Traité théorique et pratique de la législation sur les accidents du travail*, par M. Adrien Sachet, président du tribunal de Vienne; chez Larose, édit. à Paris, 1899.

Les chambres de commerce, les syndicats, les patrons et les ouvriers protestent de tous côtés, et si on semble être d'accord, c'est pour demander des modifications considérables de la loi, ou même son abrogation.

Une loi du 24 mai 1899 a, dans l'intérêt des patrons, créé de nouvelles facilités au point de vue de l'assurance. On parle d'autres modifications législatives; nous n'avons pas cru devoir retarder plus longtemps la publication de notre travail, dans lequel nous avons recherché quelles seraient les plus utiles de ces modifications.

L'ouvrage de M. le président Sachet contient une étude approfondie des législations étrangères, des précédents et de l'historique de la loi : ce livre, destiné aux hommes de science, peut, par l'étendue même et la profondeur de sa doctrine, effrayer les chefs d'entreprise et les ouvriers qui, devant les exigences de la pratique, se préoccupent surtout de chercher ce que la loi leur impose.

Le but que nous avons poursuivi est d'expliquer le sens et la portée de la loi à ceux qui, par des études spéciales, ne se trouvent pas préparés à l'examen et à l'étude des controverses de doctrine et de jurisprudence.

Notre situation nous a permis de suivre un grand

nombre de procès en dommages-intérêts nés à l'occasion d'accidents, et nous avons été, le plus souvent, chargés de défendre les intérêts des patrons.

Nous avons cru que le meilleur moyen d'être utile à tout le monde était de chercher, avec l'impartialité la plus grande, quels sont maintenant les droits réciproques des uns et des autres.

30 juin 1899.

LES ACCIDENTS DU TRAVAIL

DROITS DES

PATRONS ET OUVRIERS

NOTIONS PRÉLIMINAIRES

1. La loi du 9 avril 1898 modifie, dans les rapports d'une catégorie très nombreuse de chefs d'entreprise, d'ouvriers et d'employés, les règles du droit commun. Il nous a paru utile, au moment même où la loi devient exécutoire, de chercher à préciser l'étendue et la portée des dispositions qu'elle renferme.

Nous n'avons pas la prétention de donner un commentaire juridique complet de cette loi de responsabilité. Ce travail ne pourra se faire que dans un certain temps, lorsqu'on se trouvera en présence de décisions judiciaires qui l'auront interprétée. Nous voulons seulement guider les patrons et les ouvriers dans l'étude d'un texte difficile, et prévoir, autant que nous le pourrons, les solutions qui interviendront plus tard dans les questions délicates que ce texte soulève.

2. Depuis longtemps, les ouvriers et employés se sont plaints de ne pouvoir obtenir les indemnités auxquelles ils prétendaient avoir droit, à la suite d'accidents dont ils étaient victimes ; de leur côté, les patrons se plaignaient également de rester exposés à des responsabilités, parfois considérables, et laissées, d'une façon presque absolue, à l'appréciation arbitraire du juge.

Tout le monde semblait donc se mettre d'accord pour demander une législation nouvelle.

3. Le droit commun, qui régissait les rapports entre patrons et ouvriers, avait le mérite d'être simple. D'après lui, toute responsabilité suppose une faute, et la faute ne se présume pas. C'est à celui qui prétend avoir droit à des dommages-intérêts, d'établir la faute qui engage la responsabilité de celui contre lequel ces dommages-intérêts sont réclamés.

4. Ces principes ont longtemps paru suffisants, et tout le monde admet encore qu'ils doivent s'appliquer toutes les fois qu'il n'est intervenu aucun contrat ou convention entre les parties.

Le droit commun a été considéré, au contraire, comme insuffisant pour régler les rapports entre patrons et ouvriers, la situation de ces personnes se trouvant modifiée par l'existence du contrat de louage d'ouvrage.

Les ouvriers doivent, en effet, obéir aux ordres de leur maître, travailler dans les conditions qui leur sont prescrites, employer les instruments et les machines choisis et aménagés sans leur concours, occuper la place qui leur est désignée et accepter tous les compagnons qui leur sont donnés. (Rapport de 1892 de M. Ricard.)

On ajoute que l'augmentation considérable du nombre des machines, l'importance de plus en plus grande du travail mécanique ont modifié la situation dans des conditions telles qu'une législation nouvelle devait s'imposer.

5. De nombreuses théories ont été proposées pour remplacer le droit commun; nous ne voulons en citer que deux.

6. L'une a voulu trouver dans le Code lui-même une base autre que celle de l'art. 1382 C. C.

Elle s'appuie sur le contrat de louage d'ouvrage combiné avec l'art. 1315, § 2, du même Code.

C'est la théorie de la *responsabilité contractuelle*, qui aboutit au renversement de la preuve.

On raisonne alors de la façon suivante :

Un chef d'entreprise loue un ouvrier : il doit à la

fin du contrat le rendre dans l'état où il l'a reçu, ou bien faire la preuve des circonstances qui le libèrent de son obligation.

7. Cette théorie a le tort d'assimiler l'ouvrier à un animal ou à un objet matériel que le locataire doit rendre tel qu'il l'a reçu, et juridiquement, cette théorie n'est pas exacte. Le chef d'entreprise qui embauche un ouvrier ne loue pas cet ouvrier, comme il louerait un cheval ou un instrument quelconque ; ce qu'il loue, c'est le travail de l'ouvrier. Moyennant une certaine rétribution, l'ouvrier s'engage à effectuer un certain travail selon ses aptitudes professionnelles. Le patron indique le travail à faire et, d'une manière générale, comment il doit s'exécuter ; mais c'est l'ouvrier qui, guidé par sa propre intelligence et ses connaissances techniques, exécute librement l'ouvrage commandé.

Théorie du risque professionnel. — 8. Après avoir écarté cette théorie, on a voulu chercher une solution dans ce qu'on a appelé le risque professionnel. Le législateur de 1898 s'est, ainsi que cela résulte des travaux préparatoires, inspiré de cette théorie.

En somme, le risque professionnel est le danger spécial inhérent à chaque entreprise et qui dérive de la nature des travaux, particuliers à ce genre d'entreprise.

Tomber d'un toit est un risque professionnel pour le couvreur.

Avoir l'œil crevé par un éclat de pierre est un risque professionnel pour le casseur de cailloux.

On a proposé de mettre le risque professionnel, dont le droit commun ne tenait pas compte, à la charge exclusive du chef d'entreprise.

Après une série de dispositions législatives, s'inspirant plus ou moins de cette notion du risque, on est arrivé à le faire supporter en partie par l'ouvrier et en partie par le chef d'entreprise.

9. Avant d'aborder l'explication de la loi nouvelle, il est nécessaire de jeter un coup d'œil sur les différents projets de loi qui ont été successivement adoptés soit par la Chambre des députés, soit par le Sénat.

Il n'entre pas dans le cadre de ce travail d'examiner tous les travaux parlementaires qui ont vu le jour depuis le 29 mai 1880, date du dépôt d'un premier projet présenté à la Chambre par M. Martin Nadaud ; mais il est nécessaire de dire un mot de chacun des six projets de loi qui ont été successivement votés soit par le Sénat, soit par la Chambre des députés. Le législateur, s'inspirant de systèmes différents et parfois contradictoires, en est arrivé au texte de la loi de 1898 qui emprunte la plupart de ses dispositions tantôt à l'un, tantôt à l'autre de ces projets.

10. Un premier projet a été voté en première lecture par la Chambre des députés le 23 octobre 1884, sur « la responsabilité des accidents dont les ouvriers sont victimes ».

Cette loi, qui était générale d'après son titre, mais, d'après son texte, applicable seulement à une certaine catégorie d'ouvriers, établissait la responsabilité, de plein droit, du chef de l'entreprise, au profit de ses ouvriers et employés, en renversant la présomption légale.

Le patron pouvait se soustraire à cette responsabilité, en prouvant que l'accident était le résultat de la force majeure ou du cas fortuit, ou qu'il ne pouvait être imputé ni à lui, ni aux personnes dont il devait répondre, ou enfin que l'accident avait eu pour cause exclusive la propre imprudence de la victime.

Soustrait au moyen de cette preuve à la responsabilité de droit commun, le patron tombait sous le coup d'une responsabilité spéciale et limitée, établie contre lui à raison du risque professionnel.

L'ouvrier ou préposé avait le choix entre les deux actions ; il pouvait même, après avoir invoqué la responsabilité spéciale, introduire une action nouvelle basée sur le droit commun.

11. Un deuxième projet beaucoup plus étendu que le précédent (52 articles au lieu de 10) a été voté en deuxième délibération par la Chambre des députés le 10 juillet 1888. Le titre, différent du titre du premier projet, était celui-ci : loi « concernant la responsabilité des accidents dont les ouvriers sont victimes dans leur travail ».

On abandonne le droit commun. Tout accident donne droit au profit de la victime ou de ses ayants droit à une indemnité déterminée. Ce projet, dans ses dispositions principales, se rapproche de la loi de 1898, mais il en diffère en ce qu'il réserve à la victime l'application du droit commun, lorsque le chef de l'entreprise a subi, à raison de l'accident, une condamnation criminelle ou correctionnelle à plus de huit jours d'emprisonnement.

Le juge de paix, compétent pour connaître des contestations relatives à l'application de la loi, était chargé de procéder à une instruction préalable.

Les chefs d'entreprise pouvaient constituer des syndicats, à l'effet d'organiser des caisses d'assurances mutuelles contre les risques prévus par la présente loi, qui instituait en outre un régime d'assurances sous la garantie de l'État.

12. Ce troisième projet en 21 articles (même titre que le précédent et voté par le Sénat le 20 mai 1890)

ne devait s'appliquer qu'aux industries dans lesquelles le travail, soit dans son ensemble, soit dans certains points, serait reconnu dangereux par un règlement d'administration publique.

L'art. 1382, c'est-à-dire le droit commun, restait applicable en cas de faute lourde du chef de l'entreprise ou des préposés à la direction et à la surveillance. Les indemnités journalières étaient payables par quinzaine. Lorsqu'il s'agissait du conjoint survivant, le mari n'avait droit à une indemnité que s'il était incapable de subvenir à ses besoins.

Le juge de paix n'était compétent que pour les indemnités temporaires.

4e projet
Chambre des
députés
10 juin 1893.

13. Le titre du projet de loi en 84 articles, voté par la Chambre des députés le 10 juin 1893, diffère des précédents : « loi concernant les responsabilités des « accidents dont les ouvriers sont victimes dans leur « travail et organisation de l'assurance obligatoire. »

Les dispositions caractéristiques de ce projet sont les suivantes : Le juge de paix est compétent pour les contestations relatives aux indemnités temporaires, frais de maladie, frais funéraires; pour les autres indemnités, si l'accord ne peut se faire entre les parties devant le président du tribunal, la contestation est jugée par un tribunal arbitral composé de trois chefs d'entreprise et de trois ouvriers réunis sous la présidence du président du tribunal. La loi organise un mode d'élection de ces arbitres.

Le titre VI organisait l'assurance mutuelle obligatoire. Les chefs d'entreprise qui n'étaient pas leurs propres assureurs ou qui n'étaient pas syndiqués, étaient obligatoirement réunis en circonscriptions comprenant un ou plusieurs départements. Chaque circonscription avait une administration spéciale sonfiée à un comité directeur. L'art. 43 instituait auprès du ministre du commerce et de l'industrie, et sous sa présidence, un conseil supérieur des accidents du travail. D'après l'art. 62, la caisse d'assurance contre les accidents, créée par la loi du 16 juillet 1864, prenait le nom de Caisse nationale d'assurances contre les accidents.

Enfin, moyennant un cautionnement, les chefs d'entreprise, soit individuellement, soit réunis en syndicat, pouvaient rester leurs propres assureurs.

C'est de tous les projets celui qui aurait causé les bouleversements les plus considérables, non seulement au point de vue de l'organisation de l'assurance en France, mais encore au point de vue industriel et économique.

14. Le titre du cinquième projet, en 42 articles, voté par le Sénat le 5 décembre 1895, ne parle plus de l'assurance obligatoire.

5ᵉ projet
Sénat
5 déc. 1895.

Le projet indique expressément qu'il n'est pas applicable à l'agriculture hors les cas où, dit la loi, elle emploie une machine à moteur inanimé et seulement à l'occasion des accidents qui pourraient être causés par ce moteur ou cette machine.

Elle n'est pas applicable aux patrons qui, pendant la période de la plus grande activité de leur industrie, n'emploient pas plus de cinq ouvriers. Elle ne s'applique pas davantage quand le salaire est supérieur à 2.400 francs.

Les contestations sont portées devant les tribunaux civils. Le payement des indemnités est garanti par la caisse nationale d'assurance contre les accidents, laquelle se fait rembourser par les chefs d'entreprise débiteurs, au moyen de rôles rendus exécutoires comme les rôles de contributions directes.

Cette caisse était alimentée au moyen d'une imposition répartie entre tous les chefs d'entreprise, en raison du total des salaires payés dans l'année par chacun de ces chefs d'entreprise, et de l'importance du risque d'accidents que présentent, dans son ensemble, l'industrie et la profession.

6e projet
Sénat
24 mars 1896.

15. On peut remarquer dans ce sixième projet voté en 15 articles par le Sénat le 24 mars 1896, les dispositions suivantes :

En cas de mort de la victime, une indemnité était accordée aux enfants mineurs de dix-huit ans ou infirmes.

L'art. 1382 s'appliquait en cas de faute inexcusable du patron ; de son côté, la victime n'avait droit à aucune indemnité en cas de faute inexcusable de sa part. L'accord des parties pouvait être constaté par le juge de paix. La loi établissait un droit réciproque de revision pendant trois ans.

Les compagnies d'assurances contre les accidents, françaises et étrangères, étaient soumises à la surveillance de l'État et astreintes à constituer des réserves, dans des conditions déterminées par un règlement d'administration publique.

16. Nous retrouvons dans le projet adopté par la Chambre des députés le 28 octobre 1897, et devenu la loi actuelle, l'innovation capitale admise par le projet du 5 décembre 1894. Cette innovation consiste dans la création d'un fonds de garantie alimenté par l'impôt, et destiné à assurer aux victimes d'accident le payement de l'indemnité à laquelle elles ont droit.

Modifié par le Sénat, ce projet est revenu devant la Chambre, où il a été accepté à l'unanimité et sans discussion.

Dans ses grandes lignes, la loi nouvelle distingue

deux catégories d'incapacités, auxquelles elle attribue des indemnités différentes.

1° L'incapacité temporaire, c'est-à-dire celle qui se termine, après un temps plus ou moins long, par le complet rétablissement de la victime. L'indemnité consiste alors dans l'allocation journalière de la moitié du salaire gagné par la victime au moment de son accident et payée à partir du cinquième jour.

Le juge de paix est seul compétent pour les contestations relatives à ces indemnités.

Elles sont garanties par le privilège de l'art. 2101 C. C.

2° L'incapacité permanente, c'est-à-dire celle qui affecte d'une façon définitive la capacité industrielle et productive de la victime.

Cette incapacité est, selon les cas, partielle ou absolue. Elle donne droit à une indemnité qui consiste toujours dans l'allocation d'une rente. Cette rente est garantie à l'ouvrier par des sûretés particulières que la loi établit et notamment par l'intervention de la Caisse nationale des retraites, dont les ressources sont assurées par l'impôt.

En cas de mort, certains représentants ont droit à une indemnité.

Les contestations, nées à l'occasion d'une incapacité permanente, sont soumises à la juridiction du tribunal civil et susceptibles d'appel selon les règles du droit commun.

17. La nouvelle loi est intitulée : « Loi concernant les responsabilités des accidents dont les ouvriers sont victimes dans leur travail. »

Elle est divisée en cinq titres, comprenant 34 articles, sous les rubriques suivantes :

1. Indemnité en cas d'accidents.

2. Déclaration des accidents et enquête.

3. Compétence, juridiction, procédure, revision.

4. Garanties.

5. Dispositions générales.

On peut contester l'exactitude du titre donné à la loi ; au lieu de dire : « Loi concernant la responsabi-
« lité des accidents dont les ouvriers sont victimes
« dans leur travail », il eût été plus juste de dire :
« Loi concernant les indemnités auxquelles auront
« droit certains ouvriers et employés à l'occasion
« des accidents dont ils sont victimes dans leur
« travail. »

18. Il ne nous a pas été possible de suivre article par article le commentaire de la loi que nous voulons étudier ; nous avons préféré établir un ordre qui nous a paru plus rationnel.

Dans un chapitre Ier, nous examinerons les caractères généraux de la loi.

Le chapitre II déterminera les personnes visées par la loi.

Le chapitre III, les indemnités.

Le chapitre IV, la procédure établie pour obtenir ces indemnités.

Dans un chapitre V et dernier, nous examinerons quelles sont les garanties données par la loi pour assurer, aux victimes des accidents, les indemnités auxquelles elles peuvent avoir droit.

19. La loi de 1898 a emprunté une partie de ses dispositions aux différents projets qui l'ont précédée, et à ce point de vue on peut dire que la loi nouvelle établit une transaction entre ceux qui, croyant favoriser les ouvriers, voulaient accabler les chefs d'entreprise sous le coup de charges excessives, et ceux qui ne voulaient pas renoncer au droit commun.

Comme toute disposition transactionnelle, la loi, qui sacrifie tantôt le droit des patrons, tantôt le droit de l'ouvrier, peut être critiquée dans l'un et l'autre sens. Nous verrons que, sous prétexte d'équité, elle en arrive à des conséquences sans doute inattendues.

CHAPITRE PREMIER

CARACTERES DE LA LOI DU 9 AVRIL 1898.

§ 1ᵉʳ. Principe nouveau de la responsabilité. — Exclusion de l'art. 1382. — Théorie de la faute inexcusable.

§ 2. Loi d'exception.

§ 3. Loi d'ordre public. — Transactions.

§ 4. Conditions dans lesquelles prend naissance la créance d'indemnité.

§ 1ᵉʳ. — *Principe nouveau de la responsabilité. — Exclusion de l'article 1382. — Théorie de la faute inexcusable.*

20. Le législateur de 1898, écartant les règles du droit commun en matière de responsabilité, applique aux rapports des patrons et de leurs ouvriers et employés une théorie nouvelle du risque professionnel.

M. Cheysson, inspecteur général des ponts et chaussées, définit le risque professionnel « le risque « afférent à une profession déterminée indépendam- « ment de la faute des patrons et des ouvriers (1) ».

Nous avons déjà indiqué que le droit commun lais-

[marginal note: La loi de 1898 abandonne le droit commun et applique la théorie du risque professionnel.]

____

(1) M. Cheysson, cité. Serre, *Les accidents du travail*, p. 72.

sait le risque professionnel à la charge de l'ouvrier, qu'on avait proposé de le faire supporter en entier par le patron, et qu'on s'était enfin arrêté à une solution transactionnelle en le mettant pour partie à la charge de l'un et pour partie à la charge de l'autre.

La responsabilité est mise à la charge de l'entreprise et supportée partie par l'ouvrier, partie par le patron.

21. On peut, croyons-nous, résumer de la façon suivante la théorie nouvelle adoptée par le législateur : le risque professionnel, c'est-à-dire le danger qui résulte de l'exécution d'un travail déterminé, sera à la charge de l'œuvre elle-même ; l'œuvre est faite par le chef de l'entreprise et par l'ouvrier, le risque professionnel doit être à la charge de l'un et de l'autre.

L'ouvrier peut dire au patron : J'ai exécuté pour vous un travail qui m'exposait à un danger dont j'ai été victime, vous devez en supporter les conséquences.

Le patron peut répondre : Vous avez choisi à vos risques et périls le travail que vous avez voulu faire.

La loi, leur donnant raison à tous deux, fait supporter à chacun une part de responsabilité.

Celle-ci n'est plus la conséquence de l'existence d'une faute. Le fait seul de l'accident donne à la victime le droit d'obtenir réparation du préjudice causé ; mais chacune des parties, c'est-à-dire l'ouvrier et le patron, devant supporter sa part du dommage, il en résultera que la réparation ne sera jamais égale au préjudice.

22. La loi elle-même fait le partage de la responsabilité.

Lorsque l'accident n'entraîne qu'une incapacité de travail ne dépassant pas 4 jours, l'ouvrier seul sera toujours responsable, et il n'aura rien à réclamer.

Si l'incapacité temporaire dure plus longtemps, à partir du cinquième jour, la responsabilité se partage entre l'ouvrier et le patron, chacun pour moitié.

L'incapacité est-elle permanente? c'est -à- dire, l'ouvrier est-il blessé dans des conditions telles que la guérison ne puisse s'obtenir, la loi distingue : ou l'incapacité permanente n'est que partielle, c'est-à-dire laisse au blessé une partie de son activité, dans ce cas le préjudice est supporté moitié par l'ouvrier, moitié par le patron ; l'incapacité permanente est-elle absolue, alors le préjudice est mis pour deux tiers à la charge du patron, pour un tiers à la charge de l'ouvrier.

23. On le voit, la victime de l'accident n'obtient jamais une indemnité complète et, à ce point de vue, sa situation est moins bonne que sous l'empire du droit commun, auquel elle ne peut plus recourir.

24. L'article 2 contient, à cet égard la disposition suivante :

et toutes autres
dispositions
légales.

ART. 2. — *Les ouvriers et employés désignés à l'article précédent, ne peuvent se prévaloir, à raison des accidents dont ils sont victimes dans leur travail, d'aucunes dispositions autres que celles de la présente loi.*

Cette règle est contraire à ce qui avait été admis dans les projets précédents.

Nous avons vu que le premier projet, voté par la Chambre en 1884, laissait aux victimes d'accidents le droit de poursuivre la réparation, soit en vertu de la loi nouvelle, soit en vertu du droit commun. L'art 8 taité ainsi conçu :

« Si l'accident donne ouverture à l'exercice de « l'action de responsabilité de droit commun, diri- « gée conformément aux dispositions des art. 319 et « 320 C. P. ou des art. 1382 et s. C. C. soit contre « le chef d'industrie, soit contre des tiers, il demeure « loisible aux intéressés d'exercer ces actions sans « qu'il puisse être opposé aucune fin de non-recevoir « à raison de l'instance précédemment portée devant « le juge de paix. »

Le deuxième projet réservait l'application du droit commun, au cas où le chef de l'entreprise aurait subi une condamnation criminelle ou correctionnelle à plus de huit jours d'emprisonnement.

Enfin le projet, voté par le Sénat le 20 mai 1890, faisait la même réserve au cas où une faute lourde serait établie contre le chef de l'entreprise ou ses préposés chargés de la direction ou de la surveillance.

25. L'art. 2 de la loi nouvelle écarte l'application de l'art. 1382 C. C.; les victimes d'accidents n'ont pas le choix d'invoquer soit la législation nouvelle, soit le droit commun; celui-ci n'est pas réservé dans certaines conditions, par exemple, en cas de faute du chef de l'entreprise et même en cas de condamnation pénale prononcée contre lui.

A cet égard la loi nouvelle est conséquente avec elle-même; pour appliquer le droit commun, il faudrait admettre que la responsabilité invoquée eût pour cause une faute commise; or, aux yeux du législateur, cette idée de faute devant être écartée, l'action qu'exerce la victime de l'accident a pour base unique la volonté même de la loi.

26. Il n'a cependant point été possible, même pour le législateur de 1898, d'écarter d'une façon absolue l'idée de faute en matière de responsabilité; il a dû s'en préoccuper et en tenir compte. La loi en fait état, lorsque la faute présente un certain caractère de gravité qui la rend reprochable à son auteur.

La loi revient au principe de la faute comme cause de responsabilité.

27. *Art. 20. Aucune des indemnités déterminées par la présente loi ne peut être attribuée à la victime qui a intentionnellement provoqué l'accident.*

La faute inexcusable. Son influence sur le droit des parties.

Le tribunal a le droit, s'il est prouvé que l'accident est dû à une faute inexcusable de l'ouvrier, de diminuer la pension fixée au titre premier.

Lorsqu'il est prouvé que l'accident est dû à la faute inexcusable du patron ou de ceux qu'il s'est substitués dans la direction, l'indemnité pourra être majorée, mais sans que la rente ou le total des rentes allouées puisse dépasser soit la réduction, soit le montant du salaire annuel.

28. Le premier paragraphe de cet article est général et s'applique à tous les cas; l'ouvrier et préposé n'est pas fondé à poursuivre la réparation d'un préjudice qui résulte d'un fait volontaire de sa part. A côté du fait volontaire, c'est-à-dire du cas où l'accident a été intentionnellement provoqué, on doit imaginer les cas beaucoup plus nombreux où l'accident est dû à un fait involontaire.

Ce fait involontaire peut constituer, à la charge de son auteur, ce qu'en droit on appelle une faute. Le droit commun distinguait la faute lourde, que l'on assimilait au dol, et il était presque impossible de définir d'une façon rigoureuse ce qu'il fallait entendre par faute lourde. Le législateur de 1898, pensant peut-être écarter ces difficultés, a substitué à la faute lourde ce qu'il appelle la faute inexcusable.

Nous ne pensons pas qu'il soit plus facile de déterminer ce qu'il faut entendre par faute inexcusable que de déterminer ce qu'il faut entendre par faute lourde.

M. Maruéjouls, dans son rapport du 7 juillet 1897, s'exprimait d'ailleurs de la façon suivante :

« Il ne nous apparaît pas que la faute inexcusable « ait dans le langage courant, aussi bien que dans la « langue judiciaire, un sens beaucoup plus précis que « la faute lourde. »

Ce sera là une question de fait qui, pour chaque espèce, restera soumise à l'appréciation des tribunaux.

29. Le fait volontaire supprime tout droit à une indemnité ; au contraire la faute, même inexcusable, laisse subsister le droit à une indemnité au profit de la victime à laquelle cette faute est reprochée.

Nous allons voir que la faute inexcusable, à la charge soit de la victime, soit du patron, est sans influence sur le règlement d'une partie des indemnités établies par la loi nouvelle.

Lorsqu'il s'agit d'incapacités temporaires, la victime a droit, à partir du cinquième jour, à la moitié de son salaire et jamais l'indemnité pour incapacité temporaire ne peut consister dans l'allocation d'une rente. Or il résulte des dispositions des 2ᵉ et 3ᵉ alinéas de l'article 20, que l'existence de la faute inexcusable peut avoir pour résultat de modifier le quantum de la pension due à titre d'indemnité.

Il faut donc en conclure que l'existence de cette faute inexcusable est sans aucune influence sur le règlement de l'indemnité temporaire; le juge de paix compétent pour les indemnités de cette nature n'aura jamais à s'en préoccuper.

Effet de la faute inexcusable sur la fixation de la rente. (1 Faute de la victime).

30. L'existence de la faute inexcusable est prise en considération pour la fixation de la pension.

Mise à la charge de l'ouvrier, elle permet au tribunal de diminuer la pension; on ne dit pas que cette diminution pourra aller jusqu'à la suppression; on peut en conclure que, même en cas de faute inexcusable de la victime, celle-ci aura toujours droit en cas d'incapacité permanente partielle ou absolue à une pension que le juge pourra réduire à un franc par an.

Cette règle trouve son application aussi bien à la pension accordée à la victime elle-même qu'à celle accordée à ses représentants.

(2° Faute du patron.)

31. La faute inexcusable, reprochée au patron, aura pour résultat de majorer le chiffre de la pension; mais que faut-il entendre par faute du patron, c'est-à-dire, quel est celui dont la faute peut être prise en considération?

La loi parle « du patron ou de ceux qu'il s'est

substitués dans la direction ». La loi ne dit pas ici :
« le patron ou ses préposés » ; le texte écarte également
ment les expressions « préposés à la direction et à la
surveillance des travaux » qui figuraient dans un
amendement proposé par M. Blavier à la séance du
24 mars 1890 et accepté par la Chambre.

La faute inexcusable d'un simple surveillant est
donc sans importance pour déterminer le chiffre de
la pension.

Les tribunaux auront à se préoccuper de la situation
de celui auquel la faute est reprochée, et ils ne pourront tenir compte de cette faute que si son auteur
peut être considéré comme ayant une part dans la
direction de l'entreprise. La faute inexcusable d'un
camarade de la victime est sans influence pour déterminer le quantum de la pension.

33. M. Sachet, aux n°⁸ 1091 et 1092 de son traité,
admet qu'il faut entendre par les mots « ceux que le
chef d'entreprise s'est substitués dans la direction » tout employé, même simple ouvrier, chargé
soit d'une façon permanente, soit d'une façon accidentelle, d'exercer un commandement; « toute personne qui tient du patron le droit de donner des
ordres est un substitut du patron dans la direction » ;
une faute inexcusable de cet employé, pourvu
qu'elle ait été commise à l'occasion même des fonc-

tións de direction, sera prise en considération pour la fixàtion de l'indemnité.

34. Nous croyons pouvoir contester cette interprétation.

En principe, la loi de 1898 écarte l'idée de faute au point de vue de la responsabilité, et si l'art. 20 prévoit la faute inexcusable, c'est à la condition que la faute soit imputable à l'ouvrier, victime de l'accident, ou au chef d'entreprise, débiteur des dommages-intéréts. La faute inexcusable doit être à la charge de l'entreprise elle-méme, le législateur a intentionnellement écarté l'idée de la faute d'un surveillant : un surveillant est investi du droit de donner des ordres et la théorie que nous combattons est inconciliable avec la suppression voulue des expressions : « préposés à la direction et à la surveillance des travaux. » Il faut une faute inexcusable dans la direction de l'entreprise et non une faute dans la direction ou la surveillance du travail.

35. L'article 20 limite à un maximum la majoration de la pension que la victime peut réclamer au chef de l'entreprise, reconnu coupable d'une faute inexcusable. Cette rente ne peut dépasser la diminution que son incapacité permanente partielle fait subir à son salaire annuel, ou la totalité de ce salaire lorsque, l'incapacité étant absolue, la victime est con-

sidérée comme devenue impropre à tout travail.

On voit que, même en cas de faute inexcusable du patron, la victime supporte encore une part de responsabilité, car, assurer 1.200 francs de rente viagère à un homme qui gagnait 1.200 francs lorsque, par une faute inexcusable, on a rendu cet homme incapable d'activité pour le restant de ses jours, c'est évidemment lui accorder une indemnité inférieure au préjudice souffert, inférieure à celle que le droit commun lui aurait certainement fait obtenir.

36. Nous avons vu que l'art. 2 (1er alinéa) supprime l'application du droit commun; cette volonté du législateur d'écarter l'application de l'article 1382 C. C. entre le chef d'entreprise et ses ouvriers ou employés, résulte encore de la disposition de l'article 7.

La victime d'un accident peut invoquer le droit commun contre les auteurs de l'accident autres que le patron ou ses ouvriers et préposés.

Comme l'indemnité allouée à la victime n'est jamais égale au préjudice souffert, on devait prévoir qu'elle pourrait avoir avantage à se prévaloir du droit commun ; notre article 7 décide qu'elle ne peut invoquer l'art. 1382 qu'à l'encontre des tiers.

ART. 7. *Indépendamment de l'action résultant de la présente loi, la victime ou ses représentants conservent, contre les auteurs de l'accident autres que le patron ou ses ouvriers et préposés, le droit de réclamer la réparation du préjudice causé, conformément aux règles du droit commun. L'indemnité qui leur sera allouée exonérera à due concurrence le chef d'entreprise des obligations mises à sa charge.*

On peut se demander comment des obligations peuvent être mises à la charge d'un chef d'entreprise à l'occasion d'un accident dû à la faute d'un tiers.

38. Cela peut s'expliquer, si on suppose l'existence d'une convention entre le chef d'entreprise et le tiers responsable, par exemple : un ouvrier est blessé par une machine et par suite du vice de construction de cette machine ; d'après le droit commun, il a une action contre le patron, qui lui a confié un instrument défectueux, et contre celui qui a fourni la machine et est responsable du vice de sa construction.

39. La loi de 1898 donne à cette disposition une portée plus grande qu'il sera facile de démontrer par un exemple :

Des couvreurs ont construit un échafaudage dans une maison en construction. Cet échafaudage, mal établi, vient à tomber, un couvreur est blessé et un ouvrier peintre occupé dans la cour est également blessé par la rupture de cet échafaudage.

Le peintre peut, en vertu de la loi nouvelle, demander à son chef d'entreprise l'indemnité limitée, mise par la loi à la charge du patron qui, en droit commun, ne serait pas responsable ; cette indemnité réduite est due en vertu de la loi. Il peut aussi, en s'appuyant sur le droit commun, poursuivre une réparation contre le chef de l'entreprise dont l'échafaudage mal construit a causé l'accident. Il a deux actions, une contre son patron, tirée de la loi de 1898, une contre l'auteur de l'accident, tirée du droit commun. Il pourra à l'aide de ces deux actions, obtenir une indemnité complète.

Au contraire, l'ouvrier couvreur blessé par le même accident ne peut invoquer, contre son chef d'entreprise, les règles du droit commun; il n'a que l'action de la loi de 1898 et ne pourra obtenir que l'indemnité réduite établie par cette loi.

40. La conséquence est celle-ci :

Lorsque des ouvriers de différents corps d'état travaillent dans un même chantier, leur situation sera différente selon qu'ils seront victimes d'accidents imputables à leur patron et aux préposés de celui-ci, ou imputables à un autre chef d'entreprise et à ses préposés. Le chef d'entreprise, vis-à-vis de ses ouvriers et employés, a une responsabilité limitée; vis-à-vis des autres ouvriers qui sont des tiers, il est responsable d'après le droit commun et *in infinitum*.

ART. 7. 3ᵉ al. « *Cette action contre les tiers responsables pourra même être exercée par le chef d'entreprise, à ses risques et périls, aux lieu et place de la victime ou de ses ayants droit, si ceux-ci négligent d'en faire usage.* »

Le patron peut demander le remboursement des indemnités qu'il a payées, contre le tiers responsable de l'accident.

41. Le dernier alinéa de l'art. 7 était nécessaire pour établir le recours du patron. On aurait, en effet, pu soutenir que le patron qui paye l'indemnité, mise à sa charge par la loi de 1898, ne fait que s'acquitter d'une obligation personnelle, qui résulte pour lui de la loi. Le paiement de cette indemnité ne le rend pas créancier de l'ouvrier, vis-à-vis duquel il se libère; il ne pourra donc invoquer la disposition de l'art. 1166 C. C. et exercer contre le responsable l'action qui appartiendrait à la victime, alors que celle-ci ne l'exercerait pas. Le texte de ce 3ᵉ alinéa ne laisse place à aucun doute. Dans la pensée de la loi, c'est le véritable auteur responsable de l'accident qui doit définitivement en supporter les conséquences, et l'indemnité payée par le patron n'est qu'une avance sur ce qui doit être payé par l'auteur du dommage.

Le patron est subrogé dans l'action de la victime contre le tiers responsable du fait dommageable.

42. On peut donner à ce paragraphe de la loi et en faveur du patron une portée plus grande, et dire que, en vertu de cette disposition, le chef d'entreprise qui a payé, se trouve, pour le recouvrement de l'avance qu'il a faite, subrogé à l'action de l'ouvrier contre l'auteur du dommage; en sorte que, si cet ouvrier, victime de l'accident, laisse des créanciers, le patron n'aura pas à subir leur concours.

La victime avait, en effet, deux actions, mais, en

réalité, elle n'a droit qu'à la réparation du préjudice souffert; or, cette réparation lui est fournie par le patron. Si on permettait aux créanciers de l'ouvrier de venir se faire payer sur l'indemnité due par l'auteur de l'accident, il en résulterait que la victime aurait touché des mains de son patron et qu'elle toucherait une deuxième fois par les mains de ses créanciers.

Cette subrogation, consentie au patron, ne s'étend que jusqu'à concurrence de ce qu'il a payé, et il ne peut intenter l'action que dans les limites de ce qu'il a payé. Si le préjudice est supérieur, la victime elle-même ou ses créanciers peuvent poursuivre le paiement du solde.

43. L'action du patron peut s'exercer aux lieu et place de l'action de la victime elle-même qui ne réclame pas. Elle peut s'exercer concurremment :

1° Avec celle de la victime, qui réclame pour compléter l'indemnité insuffisante que la loi de 1898 lui donnait.

2° Avec les ayants droit de la victime auxquels la loi de 1898 n'attribue aucune indemnité.

3° Avec les créanciers de la victime.

Nous admettons que, dans tous les cas, le droit du patron au remboursement de ses avances ne peut pas être primé par le droit des autres parties en cause.

L'action du patron et de l'ouvrier contre le tiers responsable se prescrit par trente ans.

44. Nous pouvons faire observer, pour en terminer avec ce sujet, que l'action de l'ouvrier et celle du patron ne sont mises en échec que par la prescription de droit commun et non par la prescription annale de l'art. 18 de la loi.

45 Pour résumer ce que nous venons d'exposer, le droit commun, c'est-à-dire l'art. 1382. C. C, ne subsiste que dans les rapports du patron ou des ouvriers vis-à-vis d'un tiers, responsable d'un fait dommageable.

Entre le patron et ses ouvriers, le droit commun est écarté d'une façon absolue; le patron est responsable en vertu d'une obligation légale, l'ouvrier est investi par la loi du droit à une indemnité, dont l'importance et la nature sont déterminées par la loi.

§ 2. — *Loi d'exception.*

Le caractère exceptionnel de la loi de 1898, résulte de ce qu'elle écarte le droit commun, et ne s'applique qu'à certaines personnes.

46. La loi de 1898, qui crée la responsabilité des patrons, est une loi d'exception, par cela seul qu'elle déroge aux règles du droit commun qu'elle écarte; mais c'est encore une loi d'exception en ce sens qu'elle ne s'applique qu'à certaines personnes.

Elle écarte le droit commun et crée une responsabilité, en vertu d'une théorie qui met le risque professionnel à la charge de celui qui exécute le travail et de celui pour le compte duquel le travail est fait.

On aurait pu généraliser et appliquer à tous les cas de louage d'ouvrages ou de services cette théorie nouvelle. Le particulier, qui fait nettoyer par un domestique les carreaux de sa fenêtre, expose celui-ci à un danger déterminé, attaché à la profession de ce domestique. On comprendrait que la loi mît une part du risque à la charge du maître et une part à la charge de l'employé; mais la loi n'est pas générale, elle est spéciale à certains patrons et à certains employés. L'art. 1er, en effet, ne vise que les chefs d'entreprise, les ouvriers et employés et certains représentants; il exige que patrons, ouvriers et employés, soient occupés à des industries particulières.

47. Le caractère exceptionnel de la loi nouvelle résulte du principe de ses dispositions, et de ce fait qu'elle ne s'applique qu'à certaines personnes.

La loi de 1898, étant une loi d'exception, doit s'interpréter restrictivement.

Cette loi d'exception ne peut échapper à la règle certaine qui veut que toute loi d'exception soit interprétée d'une façon restrictive.

Toutes les fois qu'il y aura doute sur la question de savoir si la loi doit ou ne doit pas s'appliquer, il faudra revenir au droit commun. Si on veut invoquer en sa faveur ou invoquer contre un adversaire l'application d'une législation particulière, il faut établir, d'une façon certaine, en vertu de quel texte précis on peut se soustraire aux règles du droit commun.

§ III. — *Loi d'ordre public.* — *Transactions.*

La loi est d'ordre public, parce qu'il est impossible d'y déroger par des conventions contraires.

48. Dans les cas où la loi s'applique, elle s'impose aux parties avec l'autorité d'une loi d'ordre public. Ce qui distingue les dispositions légales ayant le caractère de loi d'ordre public, c'est qu'il n'est pas possible de se soustraire à leur application, au moyen de conventions contraires.

Sur ce point, la disposition de l'art. 30 est absolue.

ART. 30. *Toute convention contraire à la présente loi est nulle de plein droit.*

49. La question de juger l'étendue du dommage souffert, l'importance des réparations à obtenir, la nature même de ces réparations, pourrait sembler être surtout une question d'intérêt privé; les victimes d'accidents (créancières de dommages-intérêts) devraient obtenir telle satisfaction qui leur semblerait préférable.

Cependant, le législateur de 1898 n'a pas voulu laisser aux parties la libre discussion de leurs intérêts. Entre celui qu'on appelle le chef d'entreprise et ses ouvriers et employés, la loi s'interpose pour régler les questions de dommages-intérêts qui peuvent s'agiter entre eux; et elle s'interpose avec une autorité telle, que ni le consentement réciproque des parties, ni l'intervention du juge ne peuvent faire échec à son application.

Le grand principe de la liberté des conventions entre personnes majeures et capables est écarté.

50. Dans un seul cas, le chef d'entreprise et son employé peuvent, d'après la loi, régler par une convention le mode de calcul de l'indemnité à laquelle l'employé aura droit en cas d'accident. Ce cas est prévu par le 2e alinéa de l'art. 2 :

Ceux dont le salaire annuel dépasse deux mille quatre cents francs (2,400 francs) ne bénéficient de ces dispositions que jusqu'à concurrence de cette somme. Pour le surplus, ils n'ont droit qu'au quart des rentes ou indemnités stipulées à l'art 3, à moins de conventions contraires quant au chiffre de la quotite.

51. Dans le système de la loi nouvelle, l'indemnité doit représenter une fraction du salaire gagné par la victime; par exemple : un homme, qui gagnait 1,500 francs par an, est, à la suite d'un accident, rendu impropre à tout travail, la loi lui accorde deux tiers de son salaire, soit mille francs de pension; le conjoint survivant a droit à 20 pour 100 du salaire de la victime.

Les proportions, deux tiers, moitié ou autres frac-

Une seule convention est autorisée entre le patron et l'ouvrier pour le calcul des indemnités, en cas de traitement supérieur à 2,400.

tions, sont déterminées par la loi pour les différents créanciers et s'appliquent à un salaire maximum de 2,400 francs.

Pour la partie du salaire qui dépasse 2.400 fr., les parties peuvent, à l'avance, stipuler que la proportion sera portée à un chiffre déterminé par elles. Par exemple, si nous supposons un ingénieur gagnant 6,400 francs, en appliquant la loi, la veuve de cet ingénieur, tué dans un accident, aurait droit à 20 pour 100 sur 2,400 francs du salaire et à 1/4 de 20 pour 100, soit 5 pour 100 sur les 4,000 francs formant le solde du traitement de son mari. Les parties pourront décider à l'avance que les 20 pour 100 s'appliqueront à la totalité du salaire, ou que les 20 pour 100 s'appliquant aux 2,400 francs seulement, on prendra pour le surplus 15, 10 ou un tant pour cent déterminé.

La dérogation à la règle absolue qui interdit les conventions (art. 30), d'après le texte, ne s'applique qu'aux employés ayant plus de 2,400 francs de traitement et pour la portion de ce traitement supérieure à 2,400.

La règle, que nous venons d'expliquer, s'appliquera aussi bien aux incapacités temporaires qu'aux incapacités permanentes. Nous avons montré que l'existence d'une faute inexcusable n'avait de conséquences que pour établir le quantum d'une pension due à la victime ; le 2ᵉ alinéa de l'art. 2 parle, au contraire, des « rentes ou indemnités » qui peuvent être dues, ce qui comporte les deux cas d'incapacités, temporaire et permanente.

52. Il résulte de la combinaison des art. 2, 1ᵉʳ al., et art. 30 que le chef d'entreprise ne peut régler, par une convention avec ses employés, la question des dommages-intérêts qui pourraient être dus. Il ne peut pas y avoir de doute, pour un règlement qui interviendrait avant que l'accident se soit produit.

On ne peut transiger sur la loi de 1898, qui est loi d'ordre public. Conventions antérieures à l'accident.

53. Mais, au contraire, après l'accident survenu, le dommage étant causé, et la victime pouvant se rendre compte de son importance, les parties peuvent-elles, invoquant le principe de la liberté des conventions, régler à l'amiable l'importance et le mode de l'indemnité ?

Conventions postérieures à l'accident.

54. Le texte de l'art. 2, 1ᵉʳ al., et de l'art. 30 est formel et ne distingue pas entre les conventions antérieures et postérieures à l'accident. Cependant, on pourrait admettre la validité des transactions postérieures à l'accident, si on s'en rapportait à ce qui a été dit sur ce point lors de la discussion de la loi.

Voici en effet comment s'est exprimé à ce sujet M. Ricard, rapporteur de la loi, à la séance de la Chambre du 10 juillet 1888 :

Déclaration de M. Ricard sur la liberté des transactions postérieures.

« La commission n'a jamais eu la prétention de « régler les situations qui naîtront après les acci- « dents; au contraire, puisque nous appelons les « parties devant le tribunal pour se concilier avant « l'instance, c'est que nous admettons la transaction. « Nous ne voulons pas compromettre sur la loi avant « l'accident; mais lorsqu'il est survenu, nous auto- « risons et nous engageons beaucoup les parties à se « mettre d'accord. Je ne saurais d'ailleurs mieux « faire, pour répondre, que de vous lire deux lignes « d'un discours prononcé par M. le Président du « Conseil, à la date du 23 octobre 1884, sur cette « question, lors de la discussion de la première loi. « L'honorable M. Floquet, répondant à M. Drumel, « disait : « Si l'ouvrier s'engage d'avance à recevoir « une indemnité inférieure à celle que lui donne la « loi de par cet article, la convention sera nulle.

« Il ne peut y avoir transaction qu'après l'accident. « L'art. 10 (30 actuel) frappe celles qui lui sont anté- « rieures de nullité absolue. »

Les transactions postérieures ne seront vala- bles que si elles sont con- formes aux prescriptions de la loi.

55. Quelle que soit l'autorité qui s'attache à cette déclaration du rapporteur de la loi, nous ne pensons pas qu'on puisse soutenir, en présence des termes absolus de la loi et de son caractère de loi d'ordre pu- blic, qu'après l'accident, les parties, retombant sous l'empire du droit commun, puissent librement tran-

siger et régler la situation selon leurs convenances. Le droit de transiger existe, mais resserré dans des limites étroites. On peut transiger sur le chiffre de l'indemnité, mais il est impossible qu'on puisse substituer le payement d'un capital à l'établissement d'une rente viagère, en cas d'incapacité permanente pour la victime, ou de rentes au profit des ayants droit, en cas de mort.

56. En cas d'incapacité permanente, l'art 16, 2ᵉ al., parle bien de l'accord des parties intéressées en présence du président du tribunal, mais nous verrons que cet accord ne peut porter que sur le chiffre de la pension. En outre, il ne faut pas oublier que la loi ne considère cet accord que comme provisoire, car l'art. 19 ouvre le droit de revision « pendant trois ans à dater de l'accord intervenu » .

57. Une transaction définitive ne pourrait intervenir que trois ans après une première transaction, car on ne pourrait renoncer au bénéfice de l'art. 19; la victime d'accident qui renoncerait à demander une majoration d'indemnité, en cas d'aggravation ultérieure du préjudice, se trouverait avoir transigé sur un droit qui ne serait pas encore né à son profit.

58. Le caractère de loi d'ordre public, attaché à la loi du 10 avril 1898, s'oppose à la liberté des transactions même après l'accident.

Voici comment à ce sujet s'exprimait M. Ricard lui-même à la séance du 10 juillet 1888.

On avait proposé, sous l'art. 21, une disposition additionnelle aux termes de laquelle on soumettait, sous peine de nullité, à l'homologation par le président du tribunal, les transactions auxquelles pouvaient donner lieu les règlements des indemnités ou les procès engagés, ce qui implique nécessairement qu'il s'agissait de règlements d'indemnités ou de procès postérieurs à l'accident. M. Ricard a répondu :

Déclaration de M. Ricard sur l'impossibilité des transactions postérieures à cause du caractère d'ordre public de la loi.

« La loi a fixé les indemnités auxquelles les ou-« vriers ont droit. Lorsqu'il s'agit de déterminer « le chiffre de la pension viagère à laquelle il peut « prétendre, l'ouvrier blessé est appelé contradic-« toirement avec son patron devant le président du « Tribunal civil. Ce magistrat entend les observa-« tions de chacune des parties intéressées. S'il y a « accord entre elles, il en donne acte, cela résulte de « l'art. 16 du projet de loi qui vient d'être voté ; s'il « n'y a pas accord, le président renvoie les parties « à se pourvoir devant le tribunal. »

Mais, objecte M. Brindeau, il peut y avoir des conventions différentes.

M. Ricard a répondu en citant la disposition de l'art. 30, et il a ajouté :

« Ce qui s'est passé autrefois n e pourra plus se

« produire dans l'avenir. La convention qui ne res-
« pecterait pas les dispositions formelles de la loi ou
« qui y serait contraire serait frappée d'une nullité
« radicale. »

Beaucoup plus tard, à la séance du Sénat du
19 mars 1898, dans le débat sur la loi actuelle, M. le
sénateur Grivart, s'occupant de la même question,
constatait que l'art. 30 conférait à la loi le caractère
de loi d'ordre public.

59. Le législateur s'est inspiré de l'idée qu'il
fallait protéger l'ouvrier contre les conséquences de
l'accident dont il a été victime. On a voulu lui assurer pour le reste de sa vie une rente, lorsqu'il est
atteint d'une incapacité permanente; on veut le
soustraire au danger qui résulte pour lui de ce que,
pressé par le besoin, il serait disposé, moyennant
une somme relativement minime, mais immédiatement versée, à renoncer au bénéfice de la loi. Il a
droit à une indemnité légale; toute convention qui
rendrait la loi inapplicable est une convention nulle.

60. Nous verrons que la loi autorise, dans certains
cas, la substitution totale ou partielle d'un capital à
une rente, et il est hors de doute qu'une transaction
qui modifierait ainsi, en dehors de ces cas prévus,
l'indemnité que la loi accorde, devrait être frappée
de nullité, comme contraire à une loi d'ordre public.

61. L'art. 21, 1ᵉʳ al., de la loi donne, quand on le juxtapose à l'art. 30, un argument irrésistible en faveur de la nullité des transactions qui ne seraient pas conformes aux dispositions de la loi.

Art. 21. — *Les parties peuvent toujours, après détermination du chiffre de l'indemnité due à la victime de l'accident, décider que le service de la pension sera suspendu et remplacé, tant que l'accord subsistera, par tout autre mode de réparation.*

62. Il arrive souvent qu'à la suite d'un accident dans lequel un ouvrier a subi, par exemple, la perte d'un bras, le chef d'entreprise lui offre dans son établissement une situation égale comme produit à celle qu'il a perdue, situation dont il peut remplir les charges malgré son infirmité.

Dans la pensée du patron, l'ouvrier ne pourra conserver cet emploi qu'à la condition d'en assurer régulièrement le service, et le chef d'entreprise se réserve le droit de congédier un employé dont il viendrait à être mécontent.

Les conventions de cette nature donnent parfois de bons résultats.

Malheureusement, il arrive aussi qu'après un temps plus ou moins long, l'ouvrier, qui croit avoir un droit à la place qu'il occupe, met le patron dans l'obligation de le renvoyer; ou bien, c'est le patron lui-même qui cherche à se débarrasser de ses services. Des réclamations inévitables se produisent alors; on accuse, ce qui peut être vrai dans certains cas, le patron d'avoir empêché, par une promesse trompeuse, son ouvrier d'exercer en temps utile une réclamation contre lui, et de mettre la victime de l'accident dans l'impossibilité, après le temps écoulé, de retrouver ses témoins et d'intenter son procès.

L'art. 21 décide qu'on devra d'abord régler, conformément à la loi, l'indemnité due en raison de l'accident, c'est-à-dire quelle serait la rente mise à la charge du patron.

Ce règlement fait, les parties pourront lui substituer une combinaison différente; mais si cette combinaison n'est pas maintenue, on se trouvera naturellement placé sous l'empire des dispositions légales.

63. Si on admet que les parties puissent librement transiger après l'accident, cette disposition de la loi est absolument inexplicable.

Si on admet, au contraire, comme nous le soutenons, que la loi impose au chef d'entreprise l'obligation légale à laquelle il ne peut se soustraire, d'assurer une rente à l'ouvrier atteint d'une incapacité permanente, l'utilité de cet art. 21 est manifeste. On fixe d'abord l'indemnité, c'est-à-dire le

L'art. 21 suppose nécessairement qu'on ne peut librement transiger après l'accident.

taux de la rente, puis, au lieu d'en encaisser les arrérages, la victime ·accepte tel arrangement qui lui convient avec son patron, débiteur de la rente. Tant que l'accord subsiste, la situation est maintenue; mais si cet accord prend fin, l'ouvrier peut immédiatement demander que la rente lui soit servie. Le législateur a voulu que l'ouvrier ou employé atteint d'une incapacité permanente fût mis à l'abri de la misère; et, en imposant que l'indemnité fût établie sous forme de rente, la loi veut que l'ouvrier soit soustrait au danger résultant pour lui de la perte possible du capital qui lui serait donné.

L'art. 21 s'applique entre le chef de l'entreprise et les ayants droits de la victime.

64. La disposition de l'art. 21 doit recevoir son application non seulement au cas où le patron se trouve en présence de son ouvrier blessé, mais encore dans le cas où, par suite de la mort de la victime, le patron doit traiter avec ceux que la loi appelle les ayants droit de la victime.

On ne peut admettre la validité d'une transaction qui serait contraire à la loi; or, une convention faite dans les termes de notre art. 21 assure, au contraire, que la loi pourra toujours être appliquée, ce qui permet de l'étendre au cas de l'accord entre le patron et les ayants droit de la victime.

Transaction valable sur le quantum de

65. Les parties peuvent encore transiger sur la fixation des éléments qui serviront à déterminer le

quantum de la rente. Nous verrons, quand nous nous occuperons de l'indemnité en cas d'incapacité partielle permanente, combien il est désirable que cet accord puisse se réaliser.

Enfin, on peut admettre que le droit de transiger est absolu lorsque les parties sont en désaccord sur l'existence d'une faute inexcusable à la charge de l'une et de l'autre, et sur les conséquences que cette faute peut avoir sur le chiffre de l'indemnité.

66. Nous avons posé le principe de la responsabilité établie par la loi de 1898, nous avons précisé le caractère exceptionnel et d'ordre public de cette loi. Avant de rechercher les personnes auxquelles elle s'applique et les indemnités qu'elle établit, il nous faut indiquer dans quelles conditions de fait, et indépendamment de la qualité des personnes, la créance d'indemnité peut prendre naissance.

§ 4. — *Conditions dans lesquelles prend naissance la créance d'indemnité.*

67. A cet égard, l'art. 1er s'exprime ainsi : « Les accidents survenus par le fait du travail ou à l'occasion du travail » donnent droit à une indemnité.

68. La loi écarte la maladie qui peut être la conséquence de l'exercice prolongé de certaines

professions : la nécrose, par exemple, spéciale aux ouvriers fabricants d'allumettes, ou les maladies auxquelles les peintres sont exposés par l'emploi de couleurs préparées avec des sels de plomb. La loi ne tient pas compte de ce risque professionnel qu'elle laisse en entier à la charge de l'ouvrier ; celui-ci est d'ailleurs protégé par les lois et décrets sur les établissements insalubres, et par la réglementation du travail dans certaines industries ; il y a en outre les associations de secours mutuels.

A côté de la maladie, résultat lentement obtenu par l'exercice de certaines professions, il faut prévoir le cas d'intoxication subite, produite par un accident tel que la rupture de récipients contenant des gaz délétères, ou des émanations d'acide carbonique, passant à travers les fissures d'un appareil.

Dans les cas de cette nature, la loi nouvelle devra s'appliquer, parce qu'on se trouve en présence d'une incapacité de travail produite par un accident.

69. La loi ne s'applique qu'en cas d'accident survenu par le fait du travail ou à l'occasion du travail.

70. Si on s'en rapporte aux travaux préparatoires, on voit que la pensée des auteurs de la loi est de donner à ces expressions une portée très large. On a soutenu qu'un ouvrier qui se casserait la jambe en tombant par suite d'un faux pas, en descendant un

escalier, aurait droit à l'indemnité, si c'est au cours d'un déplacement pendant son travail que l'accident se produit. On a beaucoup discuté pour savoir s'il fallait mettre « les accidents survenus par le travail et à l'occasion du travail » ou bien « les accidents survenus par le travail ou à l'occasion du travail ». Cette dernière rédaction, qui étend la portée de la loi, a été admise; il suffit donc qu'une des deux conditions soit remplie pour que le droit à l'indemnité soit ouvert.

71. Il n'est pas difficile de reconnaître quand un accident s'est produit par le fait du travail, mais il est plus difficile de dire ce qu'il faut entendre par un accident né à l'occasion du travail. Quelque généraux que soient les termes employés par la loi, il nous semble cependant qu'il doit toujours être nécessaire de constater une certaine relation de cause à effet entre l'accident et le travail lui-même.

Un ouvrier tué par la foudre, quand il travaille sur un toit, n'est pas tué par un accident du travail, mais on peut dire qu'il a été tué à l'ocasion du travail, car il ne s'est trouvé à l'endroit où il a été frappé que parce qu'il y était appelé par son travail; il est blessé dans une rixe avec d'autres ouvriers, dans un jeu ou dans un acte interdit, il n'est pas victime d'un accident du travail; l'accident doit être la conséquence directe du travail.

72. Pour donner à la loi une interprétation juridique et conforme aux principes, il faudrait dire : L'indemnité établie par la loi de 1898 est la garantie du risque professionnel; l'accident causé par le travail ou à l'occasion du travail, et garanti par l'indemnité, est celui qui se rattache au risque professionnel spécial à l'entreprise.

73. Sous prétexte de mettre à la charge du chef de l'entreprise la plus grosse partie de ce risque professionnel, il ne faut pas le rendre responsable d'un accident dont la cause est étrangère au travail lui-même; par exemple, au cas où un ouvrier se blesse par une chute due à un faux pas. La jurisprudence aura souvent à se prononcer sur des cas difficiles, et on peut prévoir que les solutions données seront toujours des questions d'espèce. Au milieu des idées contradictoires qui ont tour à tour inspiré le législateur, il est impossible d'établir une solution nette, juridique, et conforme à la fois aux principes généraux du droit et aux règles particulières de la loi qui nous occupe.

74. Il nous faut, avant de finir ce chapitre, déterminer une règle générale qui servira de guide pour l'interprétation de la loi.

Règle générale relative à l'application de la loi de 1898.

75. L'art. 1er met l'indemnité à la charge du chef de l'entreprise.

Il accorde l'indemnité à la victime ou à ses représentants; ces derniers se trouvent désignés dans l'article 3.

Il énumère les industries auxquelles ouvriers, employés et patrons devront être occupés.

Ce même article exige qu'il s'agisse d'un accident survenu par le fait du travail, ou à l'occasion du travail.

Il n'accorde enfin l'indemnité qu'à la condition que l'interruption de travail ait duré plus de quatre jours.

Il peut y avoir des difficultés sur l'étendue et la portée de chacune de ces conditions : par exemple, sur ce qu'il faut entendre par « chef d'entreprise » ; sur la question de savoir si l'entreprise est visée par la loi, ou encore sur les circonstances de l'accident, survenu ou non par le fait ou à l'occasion du travail.

Mais toutes les fois qu'il sera certain qu'une des quatre premières conditions ne se réalise pas, la loi de 1898 ne sera pas applicable.

On devra donc rechercher :

1° Si le défendeur est un chef d'entreprise ;

2° Si le demandeur est un ouvrier ou employé ou un des représentants désignés par la loi ;

3° Si l'entreprise se trouve parmi les entreprises visées ;

4° Si l'accident, au sujet duquel l'indemnité est réclamée, s'est produit par le fait ou à l'occasion du travail.

La loi de 1898 ne s'appliquera que si les quatre conditions se trouvent remplies ; mais pour obtenir l'allocation d'une indemnité, il faut encore la réalisation d'une cinquième condition, savoir : que l'incapacité de travail ait duré plus de quatre jours.

Ainsi, un ouvrier attaché à une industrie visée par la loi, victime d'un accident, du fait du travail, réclame au chef de l'entreprise une indemnité pour une incapacité de travail qui a duré dix jours, la loi s'applique ; l'ouvrier a droit à une indemnité pour les six jours qui ont suivi les quatre journées consécutives à l'accident.

Dans les mêmes conditions, la réclamation ne porte que sur une incapacité de trois jours, la loi s'applique, mais l'ouvrier n'a pas droit à une indemnité.

Un exemple nous montre comment la loi ne s'applique pas, si une des quatre premières conditions indiquées vient à défaillir : un ouvrier est victime d'un accident du travail ; il réclame au chef de l'entreprise une indemnité pour une incapacité de travail de trois jours, mais son industrie n'est pas visée par la loi ; celle-ci ne s'appliquera pas.

L'ouvrier invoquant le droit commun pourra, en faisant la preuve d'une faute imputable au patron, obtenir une indemnité pour les trois jours d'incapacité de travail; sa réclamation aurait, au contraire, été écartée par application de la loi de 1898, si son industrie avait été de celles régies par la loi nouvelle.

CHAPITRE II

1ʳᵉ SECTION. — 1° *Débiteur de l'indemnité : le chef d'entreprise.*

76. La loi du 9 avril 1898 a pour objet de soustraire à l'application des règles du droit commun un certain nombre de personnes qui se trouvent bénéficier d'une législation particulière; il est donc extrêmement important de bien déterminer quelles sont les personnes visées par la loi, et, pour faire cette détermination, il ne faudra pas perdre de vue que nous sommes en présence d'une loi d'exception qu'on ne doit pas étendre au delà de ce qui résulte nécessairement du texte.

Le responsable est le chef d'entreprise.

77. Le débiteur des dommages-intérêts est désigné par la dénomination de chef d'entreprise.

ART. 1er. — Les accidents donnent droit à une indemnité « à la charge du chef d'entreprise » .

ART. 4. — Le « chef d'entreprise » supporte en outre, etc.

ART. 5. — Les « chefs d'entreprise » peuvent, etc.

Nous avons, dans nos explications, employé indifféremment l'expression chef d'entreprise et patron.

La loi elle-même, dans son art. 7, se sert du mot « patron » comme synonyme de chef d'entreprise.

Par le mot « chef d'entreprise » la loi désigne évidemment l'entreprise elle-même, à la charge de laquelle l'indemnité est mise. Par exemple, s'il s'agit d'une société anonyme, ayant à sa tête un directeur ou un conseil d'administration, ce directeur ou les membres du conseil seront déclarés responsables non pas personnellement, mais au nom et comme directeur de l'entreprise. Le débiteur des dommages-intérêts est de toute évidence celui au profit duquel est faite l'entreprise.

Pour être chef d'entreprise, il faut être à la tête d'une exploitation, faite dans un but de lucre et de gain personnel. L'idée du législateur est que la réparation des accidents doit entrer dans les frais généraux, comme doit y figurer l'amortissement du capital engagé dans l'affaire.

78. Cette désignation de chef d'entreprise a pour La loi de 1898

ne s'applique pas aux particuliers.

effet d'écarter immédiatement et de soustraire à l'application de la loi tous les particuliers agissant exclusivement pour une affaire personnelle ; ainsi, le propriétaire qui fait construire ou réparer un immeuble n'est point un chef d'entreprise. Celui-là seul fait une entreprise, qui fait exécuter des travaux dans un but de spéculation et de gain personnel.

Un propriétaire qui a des travaux importants à faire dans son domaine peut, ce qui sera le cas le plus fréquent, s'adresser à un entrepreneur, mais il peut aussi embaucher des ouvriers, diriger les travaux et payer directement ces ouvriers.

Dans le premier cas, les rapports entre les ouvriers et les entrepreneurs seront régis par la loi de 1898. Que faut-il décider dans la seconde hypothèse?

Ce particulier a établi dans son domaine un véritable chantier, et, d'après l'art. 1er de la loi, les ouvriers, employés dans un chantier, sont soumis à la loi nouvelle ; mais la créance d'indemnité, d'après ce même art. 1er, n'est donnée qu'à l'encontre du chef d'entreprise ; or le particulier, qui fait exécuter des travaux chez lui, ne fait point une entreprise, et il a été admis, par tout le monde, que la loi de 1898 ne s'appliquait pas aux particuliers. Il faut en conclure que les parties resteront soumises au droit commun.

79. La question se présente également dans le cas de travaux, parfois considérables, entrepris et conduits en régie par l'État. Une législation particulière, faisant attribution de compétence aux tribunaux administratifs, s'applique à la matière des travaux publics. La loi de 1898 ne s'explique pas sur le maintien ou l'abrogation de cette législation particulière, et si on consulte les travaux préparatoires, on voit que, dans la pensée de ses auteurs, la loi doit s'appliquer aux ouvriers d'État.

Travaux exécutés en régie pour le compte de l'État.

L'État, qui construit en régie un chemin ou un canal, n'est certainement pas un entrepreneur, faisant une spéculation dans un but de lucre et de profit personnel ; il n'est point chef d'entreprise, et, comme tel, on ne peut lui réclamer l'indemnité que la loi met en termes exprès « à la charge du chef de l'entreprise ».

Dire que construire un canal, c'est faire une entreprise, n'est point exact en tenant compte du sens et de la portée légale de ces expressions. Un particulier entreprend des travaux, et il n'est point entrepreneur. L'importance plus ou moins grande de ces travaux ne doit pas, non plus, entrer en ligne de compte, car l'art. 1er de la loi ne fait pas de distinction selon le plus ou le moins d'importance de l'entreprise.

Un autre exemple précisera davantage la portée

de notre observation. Un particulier a, dans son domaine, une carrière de sable ; tous les ans, il en fait extraire par ses jardiniers, qui sont peut-être nombreux, un certain nombre de mètres cubes, nécessaires à ses besoins personnels ; ces ouvriers, occupés dans la carrière de sable, ne peuvent invoquer la loi de 1898, et on ne pourra l'invoquer contre eux, pour faire réduire l'indemnité à laquelle ils pourraient avoir droit.

Au contraire, si ce même propriétaire faisait tirer du sable pour le vendre à ses voisins, et à la condition qu'on ne se trouve pas en présence d'un fait unique et de pure complaisance, ce propriétaire, faisant ainsi une véritable exploitation pour la vente du sable extrait de sa carrière, serait soumis à la loi de 1898.

Nous disions que la loi ne tient pas compte de l'importance de l'entreprise.

80. En effet, l'art. 1ᵉʳ, dernier paragraphe, dit seulement :

Les ouvriers qui travaillent seuls d'ordinaire ne pourront être assujettis à la présente loi par le fait de la collaboration accidentelle d'un ou de plusieurs de leurs camarades.

Il est facile de se rendre compte de la portée de cette disposition.

Un particulier charge un ouvrier maçon de procéder à la reconstruction d'un mur. Ce maçon s'entend avec un ou plusieurs de ses camarades pour faire ensemble le travail demandé. Alors même qu'il ne payerait à ces ouvriers que le prix de leurs journées de travail, il n'y aurait pas, aux yeux de la loi, dans ce fait accidentel, une véritable entreprise. Ni le particulier, pour le compte duquel le travail est fait, ni l'ouvrier, qui l'exécute en se faisant aider, ne sont des chefs d'entreprise.

Au contraire, un petit entrepreneur de maçonnerie, qui a habituellement sous ses ordres deux ou trois ouvriers, est un chef d'entreprise, alors même qu'il aurait l'habitude de travailler avec ses ouvriers et de collaborer à l'exécution des travaux.

2° Créanciers de l'indemnité : l'ouvrier, l'employé ou ses représentants.

81. La loi désigne par les mots « ouvriers et employés » les personnes auxquelles l'indemnité est due. Pas plus pour les débiteurs que pour les créanciers de dommages-intérêts, la loi ne fait de distinction au point de vue du sexe ou de la nationalité. Le chef d'entreprise peut être un homme ou une femme, un

Les ouvriers et employés, quel que soit leur salaire ou traitement.

Français ou un étranger ; de même la victime de l'accident.

82. Il n'est pas davantage tenu compte de l'importance du salaire ou du traitement. Cela résulte du 2e al. de l'art. 2, sur lequel nous nous sommes déjà expliqués.

Par exemple, dans un grand établissement industriel, une importante entreprise de transport comme une compagnie de chemins de fer, l'ouvrier engagé à 3 fr. 75 par jour, les directeurs ou ingénieurs auxquels il est alloué des traitements importants, tombent également sous l'application de la loi.

On s'accorde, en général, à reconnaître que l'application de la loi de 1898 suppose l'existence d'un contrat de louage d'ouvrage entre la victime de l'accident et le chef de l'entreprise. Mais l'existence de ce contrat peut résulter de ce fait que l'ouvrier ou l'employé a travaillé dans l'entreprise, avec le consentement du patron.

Les enfants et la femme du patron employés dans l'entreprise.

83. Ainsi dans beaucoup de petites industries, que l'emploi des moteurs mécaniques fait régir par la loi nouvelle, on voit souvent les enfants et la femme du chef de l'entreprise travailler avec les autres ouvriers.

Le fils du chef de l'entreprise, blessé dans son travail, aura, selon nous, droit à l'indemnité légale contre son père; s'il travaillait comme apprenti ne touchant aucun salaire, il devrait être traité comme l'apprenti étranger.

L'intérêt qu'a l'enfant, victime de l'accident, d'obtenir une indemnité, est d'autant plus considérable que cette indemnité, ainsi que nous le verrons, lui sera payée peut-être par une compagnie d'assurances et, en cas d'insolvabilité de son père, par la Caisse nationale des retraites.

La question est plus délicate si la victime est la propre femme du chef de l'entreprise.

Les époux étant mariés sous le régime de la séparation de biens, et l'entreprise du mari ne profitant pas à la femme, celle-ci aurait toujours intérêt à réclamer son indemnité.

Les époux étant mariés sous le régime de la communauté légale, on pourrait opposer à la femme qu'elle ne peut rien demander à l'entreprise dans laquelle elle est associée. Mais, en cas de faillite du mari, le droit d'être payée par la Caisse nationale, en cas d'assurance, le droit d'être payée par l'assureur, à la fin de l'entreprise, le droit d'obtenir attribution de son indemnité, tout cela constitue pour la femme un avantage incontestable à se prévaloir de la loi de 1898.

Si les époux sont mariés sous le régime de la communauté, on peut répondre que le mari est chef de la communauté et chef de l'entreprise ; sa femme, victime d'un accident du travail, a droit à la protection légale que la loi accorde aux victimes de l'industrie qu'elle exerce. Ni l'enfant ni la femme, ouvriers d'une industrie déterminée, ne sont mis par la loi de 1898 en dehors de son application ; il est vrai que cette loi ayant un caractère exceptionnel doit être interprétée dans un sens restrictif, mais l'art 1er dit que les accidents survenus dans un établissement où il est fait usage d'une force autre que celle de l'homme ou des animaux, donnent droit à une indemnité ; l'enfant et la femme sont des ouvriers travaillant au profit de l'entreprise sous la direction de son chef, ils sont donc compris dans la désignation de la loi.

Le chef de l'entreprise qui serait lui-même blessé ne pourrait rien réclamer, car on n'a pas d'action contre soi-même.

Les employés d'un établissement industriel visé par la loi sont-ils régis par cette loi, quelles que soient leurs fonctions dans l'entreprise ?

84. Une question singulièrement délicate et sur laquelle la jurisprudence aura à se prononcer est de savoir comment on doit entendre les expressions « ouvriers et employés » d'une industrie déterminée.

85. Nous avons vu que l'idée dominante de la loi est de soustraire les victimes d'accidents aux conséquences du risque professionnel, en mettant ce risque

partie à la charge de l'entreprise, partie à la charge de l'ouvrier.

86. L'industrie des transports par chemin de fer expose les ouvriers et employés à des risques spéciaux, qui dérivent de la nature de cette industrie. Il est certain que cette industrie est visée par la loi, en sorte que la loi s'applique nécessairement à tous les accidents auxquels les employés de chemin de fer sont exposés.

87. Mais pour les besoins de son industrie proprement dite, une compagnie de chemin de fer a, dans l'intérieur d'une ville, en dehors de sa gare, et loin du chemin de fer, des bureaux dans lesquels un personnel, parfois très nombreux, est employé uniquement à un travail de bureau, par exemple au service des Titres, de la Comptabilité ou du Contentieux.

Le travail de ces employés ne les expose à aucun danger spécial; l'homme qui tient les registres de la comptabilité dans une maison de banque, dans une maison de confection, ou pour un entrepreneur de transport, est dans une situation absolument identique au point de vue des risques auxquels l'expose sa profession.

Un employé de cette catégorie est blessé dans son bureau par la chute d'un appareil d'éclairage. Peut-il contre une compagnie de chemin de fer demander l'application de la loi de 1898? La compagnie peut-elle l'invoquer contre lui?

Les employés
qui ne sont pas
exposés au
risque profes-
sionnel de
l'entreprise con-
tinuent à être
régis par
le droit
commun.

88. Nous croyons qu'on doit répondre à cette question par la négative. L'art. Ier de la loi dit que *les accidents survenus par le fait du travail ou à l'occasion du travail, aux ouvriers et employés occupés dans toute exploitation ou partie d'exploitation dans laquelle il est fait usage d'une machine mue par une force autre que celle de l'homme ou des animaux, donnent droit à une indemnité.*

La pensée de la loi est que celui qui se trouve exposé à un danger particulier par suite de la présence de cette machine, doit être, à cause de cette situation, soumis à une législation spéciale.

La loi vise les employés qui sont occupés dans la partie de l'exploitation où existe le risque professionnel.

L'employé aux écritures, tenu, par ses fonctions mêmes, en dehors du risque spécial à l'industrie des transports de chemin de fer, est bien employé par une compagnie de transport, mais on peut soutenir que ce n'est pas un employé de chemin de fer dans le sens voulu par la loi.

89. La solution inverse aboutirait à des résultats tels, qu'on est forcé de reconnaître l'exactitude de notre interprétation.

Supposons deux employés travaillant dans le même immeuble, comme employés à la comptabilité ; l'un est au service d'une compagnie de chemin de fer, l'autre tient les livres d'un négociant en tissus ; le risque professionnel de ces deux hommes est identique. Ils perdent l'un et l'autre la vue à la suite d'une explosion de gaz dans l'immeuble. Comment soutenir que la compagnie de chemin de fer puisse dire à son employé : Je serais responsable de droit commun par suite des circonstances dans lesquelles l'explosion s'est produite, mais vous êtes mon employé ; atteint d'une incapacité permanente absolue, vous avez droit aux deux tiers de votre salaire annuel ; vous supporterez pour un tiers les conséquences de l'accident.

Au contraire, l'autre comptable étranger à la compagnie pourrait, en invoquant le droit commun, obtenir une indemnité égale au préjudice souffert.

90. Nous pensons, pour résumer notre opinion, que l'employé ou l'ouvrier n'est visé par la loi nouvelle qu'à l'occasion du risque professionnel spécial à l'industrie dans laquelle il travaille.

91. La question serait plus délicate s'il s'agissait, dans l'hypothèse que nous avons indiquée, d'un accident de chemin de fer. Par exemple, un employé du contentieux, chargé de prendre des renseignements

sur les circonstances d'un accident survenu dans une gare, est renversé par une machine alors qu'il procédait à cette enquéte. Dans ce cas, on peut soutenir que l'employé de la compagnie a été, à l'occasion de son service, victime d'un accident qui se rattache à sa profession.

Nous pensons cependant que, même dans ce cas, la situation devra être réglée par l'application du droit commun. On doit, selon nous, pour appliquer la loi de 1898, s'arrêter à la nature du contrat de louage d'ouvrage qui lie le chef d'entreprise et l'employé. Or la nature des fonctions pour lesquelles l'employé est engagé, et le contrat en vertu duquel il est affecté au service spécial du contentieux, l'ont soustrait par ses fonctions mémes au risque professionnel de l'entreprise, et on peut même, à l'occasion d'un accident de chemin de fer, le considérer comme un tiers soumis à l'application du droit commun.

92. La jurisprudence aura certainement à se préoccuper de cette question et à l'heure actuelle, il ne peut exister de décision ; mais, d'après les principes généraux du droit qui veulent qu'on n'étende pas une règle exceptionnelle, d'après les principes spéciaux de la loi nouvelle, qui veut garantir certaines fonctions contre certains dangers, nous sommes d'avis que la solution proposée par nous devra être acceptée.

93. Ce que nous venons d'exposer pour un employé de chemin de fer s'applique également à toute entreprise industrielle, par exemple, au cas où un chef d'industrie, qui tout en ayant, dans certains quartiers de Paris ou en province, des établissements soumis à la loi nouvelle, a des bureaux éloignés de ses usines et dans lesquels un personnel spécial est uniquement occupé aux écritures; ou un fabricant dont les usines sont situées en province et qui a dans Paris un dépôt de ses marchandises ou un magasin de vente; le personnel étranger aux usines, n'assumant aucun risque professionnel inhérent à l'entreprise, ne doit pas être considéré comme visé par la loi nouvelle.

La même règle s'applique à toutes les industries visées par la loi.

94. Indépendamment de la victime elle-même, se présentent comme créanciers de l'indemnité ceux que la loi désigne sous le nom de représentants de la victime. Le droit de ces représentants ne prend naissance qu'en cas de mort de la victime.

Représentants de la victime ayant droit à une indemnité.

95. C'est d'abord (art. 3, § A) le conjoint survivant non divorcé ni séparé de corps, et à la condition que le mariage ait été contracté antérieurement à l'accident.

1° Le conjoint.

D'après le projet voté par le Sénat le 20 mai 1890, « le mari survivant n'avait droit à une indemnité que s'il était incapable de subvenir à ses besoins ». (Art. 2 du projet.)

La loi nouvelle parle du conjoint sans faire aucune distinction entre le mari et la femme.

Une femme, qui gagnait 2 francs par jour, est tuée dans une usine visée par la loi; le mari a droit à une indemnité.

96. Remarquons qu'il en serait de même par application du droit commun. Lorsqu'une femme, qui gagne par son travail ou son industrie un émolument plus ou moins considérable, est tuée par un accident, le mari, comme tous ceux auxquels cette mort cause préjudice, peut réclamer des dommages-intérêts à l'auteur responsable de l'accident.

2° Les enfants.   97. En même temps que le conjoint survivant, ou seuls en cas de prédécès du père et de la mère, viennent ensuite, comme représentants, les enfants légitimes ou naturels reconnus avant l'accident, et âgés de moins de seize ans.

La loi s'applique également aux enfants légitimes et aux enfants naturels reconnus, mais il faut que le mariage ou la reconnaissance aient été antérieurs à l'accident. Les enfants légitimes et naturels sont mis sur la même ligne. Il y aura cependant entre eux une certaine différence. La victime a laissé une veuve et un fils légitime; la veuve est enceinte au moment de l'accident; on devra calculer l'indemnité en tenant compte de la présence de la veuve et de deux enfants, même de trois si la veuve mettait au monde deux jumeaux. Au contraire, la victime a laissé une concubine enceinte et un premier enfant né de cette concubine qu'il a reconnu ; cet enfant seul aura droit à une indemnité. L'autre n'aura droit à rien, car il n'a pu être reconnu avant sa naissance.

98. L'enfant légitime ou naturel n'a droit à une indemnité que s'il est mineur de seize ans. Son indemnité consiste en une rente que le chef d'entreprise cesse de payer lorsque l'enfant a atteint le premier jour de sa dix-septième année.

Cela résulte, sans doute possible, de l'art. 3, §§ B et C.

Le projet adopté par le Sénat le 5 décembre 1895 accordait l'indemnité à l'enfant mineur de dix-huit ans ou infirme. La loi de 1898 ne fait pas de distinction au profit de l'enfant infirme.

99. Cette loi a été plus large pour le conjoint que pour l'enfant.

En effet, supposons la mort de la femme arrivée dans un accident d'usine, le mari peut rester sans aucune charge, jeune et valide. Il profitera jusqu'à sa mort de la rente que la loi lui donne ; les enfants n'en profiteront que jusqu'à seize ans révolus.

100. L'enfant après seize ans n'a droit à rien. Peut-il, après cet âge, et en s'appuyant sur le droit

L'enfant après seize ans révolus peut-il

commun, demander une indemnité autre que celle de la loi de 1898 ?

Nous avons expliqué, en exposant les caractères généraux de la loi de 1898, que cette loi substituait dans les rapports entre le chef d'entreprise et ses ouvriers ou employés, au sujet des accidents survenus par le fait du travail ou à l'occasion du travail, une législation spéciale, créant des responsabilités en dehors du droit commun et limitant ces responsabilités.

Le chef d'entreprise ne peut donc pas, en dehors des cas prévus par la loi et à l'occasion d'un accident survenu à un de ses ouvriers, voir sa responsabilité engagée, si ce n'est au profit de ceux auxquels la loi accorde une indemnité. Or, l'art. 7 est formel : la victime ou ses représentants ne peuvent pas invoquer le droit commun contre le patron.

L'enfant que la loi qualifie représentant ne peut agir que s'il a moins de seize ans révolus.

101. On dira peut-être, jusqu'à seize ans, la loi spéciale lui donne une indemnité spéciale ; après seize ans, il n'est plus sous le coup de cette législation particulière, et il retombe sous l'empire du droit commun.

L'enfant légitime ou naturel reconnu, alors même qu'il a dépassé seize ans, n'en demeure pas moins le fils de la victime. Sa situation est réglée par la loi ;

et il ne peut obtenir plus que ce qu'elle lui accorde.

102. Les conséquences sont singulièrement dures, mais elles n'ont point échappé au législateur, qui a passé outre. Nous pouvons les préciser par un exemple : l'ingénieur d'un établissement industriel, gagnant 15.000 francs par an, est tué dans un accident qui engage certainement la responsabilité du chef de l'entreprise; il ne laisse qu'une fille, infirme et âgée de seize ans et quelques jours. Le préjudice subi par cette enfant est considérable; le chef d'entreprise n'est tenu à aucune indemnité. Si cette enfant avait eu quatorze ans, pendant deux ans, elle aurait eu droit à une petite rente.

103. Le législateur s'est rendu compte, disons-nous, de cette solution.

Voici comment, à la séance de la Chambre du 26 octobre 1897, s'exprimait l'honorable M. Jourdan :

« On n'a jamais pensé dans la commission, je
« l'imagine, à exonérer de toute responsabilité le
« patron qui, par sa faute, même inexcusable, cause-
« rait la mort d'un ouvrier. C'est là un principe qui
« ne saurait figurer dans une loi française, et pour-
« tant c'est à ce résultat que la commission me
« paraît être arrivée.

« Si, même en cas de faute inexcusable du patron,

« de l'industriel, un ouvrier est tué, et que la victime
« ne laisse — cela peut souvent se produire — ni
« ascendants, ni conjoint, ni enfants âgés de moins
« de seize ans, s'il a deux ou trois enfants ayant dé-
« passé cet âge, le patron ne doit pas un centime à
« la famille.

« Par conséquent, en présence d'une mort causée
« par la faute indiscutable de l'industriel, votre loi
« proclame le principe de l'irresponsabilité. »

Malgré cette observation, qui précisait d'une façon
rigoureuse à quel étrange résultat aboutissait la loi
nouvelle, le rapporteur et la commission n'ont rien
voulu changer. Le texte de la loi a été admis.

104. On a soutenu que la loi, en accordant une indemnité au conjoint survivant et à ses enfants, aurait
ce résultat de nuire aux ouvriers pères de famille. Il
est à craindre, en effet, que les chefs d'entreprise,
à cause de cette responsabilité, soient disposés à
écarter ces ouvriers de leurs établissements industriels.

Il nous semble qu'on a peut-être exagéré ce danger, car, à ce point de vue, la loi nouvelle ne porte
pas une grande modification à ce qui résultait de
l'application du droit commun. En effet, si l'ouvrier
qui est tué dans un accident est célibataire et ne
laisse aucun ascendant auquel il vienne en aide, le

Le droit du con-
joint et des
enfants donne
aux ouvriers
célibataires un
avantage sur
les pères
de famille, que
les chefs
d'entreprise
seront amenés à
écarter de
leurs établisse-
ments.

chef d'entreprise n'a rien à payer à la suite de l'accident qui a causé la mort. Si, au contraire, il laisse une veuve et des enfants, cette veuve et ces enfants ont droit à des dommages-intérêts en réparation du préjudice qui leur est causé.

105. Les tribunaux sont constamment saisis de demandes de cette nature, et parfois des condamnations sont prononcées allouant des indemnités considérables. Sous l'empire de la loi nouvelle, ces condamnations seront certainement moins élevées. Cependant, on peut soutenir que les chefs d'entreprise se trouvent actuellement exposés à une responsabilité plus lourde. D'après le droit commun, ils n'étaient responsables qu'en cas de faute de leur part ou de celle de leurs préposés, la veuve et les enfants étaient obligés de faire la preuve du fait engageant la responsablité. Au contraire, d'après la loi nouvelle, l'indemnité sera due, dans tous les cas de mort, sauf de mort résultant d'un accident volontairement provoqué par la victime.

106. Nous verrons en outre que la conséquence forcée de la loi sera, pour les patrons, de contracter des polices d'assurances. On pourrait craindre qu'il fût plus onéreux de s'assurer contre la mort d'un employé marié et père de famille, que de s'assurer en cas de mort d'un ouvrier sans famille ; mais les

tarifs actuels des compagnies d'assurances ne font pas de différence à cet égard.

3° Les ascendants et descendants ou petits-enfants.

107. La présence du conjoint ou des enfants écarte les ascendants, alors même qu'ils auraient été à la charge de la victime. (Art 3 C.)

Si cette victime a laissé un enfant de quinze ans et demi et des ascendants, le chef d'entreprise aura, pendant six mois, une petite rente à payer à l'enfant; les ascendants ne pourront rien prétendre. Le législateur a pensé qu'après seize ans, un enfant non seulement devait se suffire à lui-même, mais encore devait venir en aide à ses grands-parents.

108. La rente n'est due que si les ascendants et descendants étaient à la charge de la victime au moment de l'accident.

2ᵉ SECTION. — *Industries auxquelles le chef d'entreprise et la victime d'accident doivent appartenir.*

109. Nous avons terminé l'énumération des personnes pouvant être appelées à recevoir une indemnité; nous allons rechercher quelles sont les entreprises auxquelles ces personnes doivent être attachées pour tomber sous l'application de la loi nouvelle.

Caractère de l'énumération de l'art. 1ᵉʳ de la loi.

110. L'art. 1ᵉʳ contient une énumération; on a beaucoup discuté dans les travaux préparatoires

pour savoir si cette énumération était limitative ou énonciative. Il serait difficile de faire à cette question une réponse absolument précise. D'après les principes généraux du droit, comme il s'agit d'une loi d'exception, l'énumération devrait être nécessairement limitative; mais comme cette énumération comprend des catégories d'établissements, on peut donner satisfaction à tout le monde en disant que l'énumération de l'art 1er est à la fois énonciative et limitative : énonciative, parce qu'elle fait connaître quels établissements sont soumis à la loi nouvelle; limitative, parce que la loi ne pourrait s'appliquer à un établissement ou partie d'établissement qui ne rentrerait pas dans une des catégories désignées.

Art. premier. — *Les accidents survenus par le fait du travail, où à l'occasion du travail, aux ouvriers et employés occupés dans l'industrie du bâtiment, les usines, manufactures, chantiers, les entreprises de transport par terre et par eau, de chargement et de déchargement, les magasins publics, mines, minières, carrières, et, en outre, dans toute exploitation ou partie d'exploitation dans laquelle sont fabriquées ou mises en œuvre des matières explosives, ou dans laquelle il est fait usage d'une machine mue par une force autre que celle de l'homme ou des animaux, donnent droit, au profit de la victime ou de ses représentants, à une indemnité à la charge du chef d'entreprise, à la condition que l'interruption de travail ait duré plus de quatre jours.*

111. Avant d'examiner successivement chacune des catégories d'établissements visées par la loi, nous pouvons faire une remarque générale.

Le projet voté par le Sénat le 20 mai 1890 ne devait s'appliquer qu'aux industries dans lesquelles le travail serait reconnu dangereux; un règlement d'administration publique devait faire la nomenclature de ces établissements.

Caractère arbitraire de l'énumération de l'art. 1er de la loi.

La loi de 1898 n'a pas conservé ce système; elle a préféré déterminer elle-même les établissements auxquels s'appliquerait la législation nouvelle. Il est assez difficile de trouver la raison pour laquelle certaines industries sont visées et d'autres ne le sont pas. Pour faire cette énumération, on semble s'être préoccupé du risque professionnel résultant de la nature dangereuse du travail, et, pour le législateur, ce danger devra résulter de l'emploi de l'outillage mécanique. On avait dit, en effet, que c'était la transformation de l'outillage qui rendait nécessaire une transformation de la législation.

Cependant, la première catégorie visée est celle de l'industrie du bâtiment; or, le risque professionnel, attaché à cette industrie, ne s'est pas beaucoup modifié depuis qu'on construit des maisons, de sorte qu'on peut se demander quel titre avaient les ouvriers et employés de cette catégorie pour bénéficier d'une législation nouvelle.

On peut également soutenir sans témérité que le perfectionnement de l'outillage, en diminuant la fatigue de l'ouvrier et en augmentant sa force productive, n'accroît pas pour lui le risque professionnel.

Au point de vue du danger, d'après les évaluations des risques faites par les Compagnies d'assurances, le métier de charretier est considéré comme un de ceux entraînant le plus de chances d'accidents. Nous verrons que les charretiers ne sont visés par la loi nouvelle que s'ils sont au service d'un entrepreneur de transports.

On peut donc, d'une façon générale, faire la critique suivante : des ouvriers, exposés à un danger sérieux et victimes d'un accident professionnel, ne pourront invoquer la loi nouvelle, et d'autres se trouveront protégés dont la profession ne présente cependant qu'un risque professionnel relativement dangereux.

112. L'industrie du bâtiment comprend les maçons, les charpentiers, les couvreurs, les serruriers, les menuisiers et les peintres.

1° L'industrie du bâtiment.

On peut se demander si la loi ne devrait pas s'appliquer seulement au cas où l'accident, cause du préjudice, se serait produit, alors que l'ouvrier serait effectivement employé à l'édification d'un bâtiment.

Un menuisier prépare, dans un atelier où il y a toujours eu des scies, des rabots, des ciseaux, des tarières, des boiseries destinées à un immeuble en construction. Il n'y a dans l'atelier aucune force motrice mue par le gaz, la vapeur ou l'électricité.

Cet ouvrier est blessé par la chute d'une pièce de bois : la loi sera-t-elle applicable? Comme elle ne fait pas de distinction, on est amené à répondre affirmativement. Mais on arrive alors à de singuliers résultats.

113. Le peintre fait partie d'un corps de métier compris dans l'industrie du bâtiment; le tapissier n'en fait pas partie. Un ouvrier peintre, dans l'intérieur d'un appartement, se blesse en tombant d'une échelle, alors qu'il était occupé à peindre une corniche; il a droit à une indemnité légale, alors même que ses camarades déclareraient qu'un certain état d'ébriété n'a pas été étranger à sa chute.

Dans la même pièce, sur la même échelle, à la même corniche, le tapissier tombe en posant des rideaux. Il n'a droit à aucune indemnité.

114. Il serait raisonnable et conforme aux principes de la loi elle-même de réduire son application au

cas où l'accident proviendrait d'un risque inhérent à l'industrie du bâtiment, par exemple au peintre, qui, extérieurement et suspendu par une corde, est employé à peindre une façade ; aux accidents qui se produisent dans une maison en construction et, d'une façon générale, dans tous les cas où le travail présente un danger, soit par sa nature même, soit par suite des conditions dans lesquelles il est exécuté.

Nous ne pensons pas que la jurisprudence puisse, par interprétation, limiter la portée de la loi nouvelle, et il faudra admettre qu'un peintre employé à un travail non dangereux est en droit d'invoquer la loi nouvelle, comme on pourra l'invoquer contre lui.

115. Parmi les personnes qui sont visées comme attachées à l'industrie du bâtiment, doit-on comprendre l'architecte? Il ne nous paraît pas qu'il puisse y avoir de doute pour répondre non, quand il s'agit d'un architecte qui, se renfermant dans l'exercice de sa profession proprement dite, fait construire une maison pour le compte d'un particulier. On ne voit pas comment on pourrait lui reconnaître la qualité de chef d'entreprise.

L'architecte doit-il être considéré comme une des personnes visées par la loi?

Il a sous ses ordres des entrepreneurs, mais lui-même ne fait pas une entreprise.

Beaucoup d'architectes construisent des maisons

pour les revendre. Faut-il, dans ce cas, admettre qu'il y ait entreprise ? Nous ne le pensons pas davantage. Cet architecte fait construire pour son compte, avec l'intention de revendre, il veut faire une spéculation sur la vente de l'immeuble, mais il ne fait pas une entreprise de travaux. Il paye ses entrepreneurs, et lui-même ne devient pas le chef des ouvriers. Si la maison construite n'est pas revendue, il se trouvera exactement dans la situation d'un particulier qui a fait construire. La revente possible de la maison à construire ne change pas la situation juridique des parties.

2° Les usines et manufactures.

116. On désignait autrefois par le mot usine une machine mue par l'eau. Actuellement, d'après le dictionnaire de Littré, ce nom s'applique aux fabriques dont le produit est obtenu par des machines plus que par le travail des ouvriers. Le mot « manufacture » désigne plus spécialement les établissements dans lesquels la main de l'ouvrier a une importance plus grande que l'outillage mécanique. Dans l'usine on traite la matière première en vue de son utilisation industrielle ; dans la fabrique ou manufacture on obtient un produit déterminé par le travail de cette matière première ; par exemple, on prépare, dans une usine, l'acier avec lequel, dans une fabrique, on fera des couteaux.

En fait, le langage usuel emploie indifféremment l'une ou l'autre de ces expressions.

117. Nous n'avons pas parlé, au sujet de l'industrie du bâtiment, des terrassiers employés aux fouilles nécessaires aux fondations de la maison. Ces entreprises se trouvent comprises dans le nom général de « chantiers ». Ce nom désigne d'une façon plus particulière le lieu où l'on entrepose des objets pour les conserver ou les travailler, tels que les bois, le charbon ou les pierres ; mais on désigne aussi d'une façon plus générale par ce nom de « chantiers » le lieu ou s'exécutent d'importants travaux : les chantiers de l'Exposition, du métropolitain, etc.

3° Les chantiers.

Les ouvriers ou employés blessés dans la construction d'un tunnel, d'une voie de chemin de fer, d'une route ou d'un canal, tomberont sous l'application de la loi nouvelle, à la condition que leur action puisse être intentée contre un chef d'entreprise (voir ce que nous avons exposé sous le n° 75).

118. Cette catégorie d'industries comprend les Compagnies de chemin de fer et les entrepreneurs de voitures publiques, mais cela ne s'applique pas aux particuliers qui ont des voitures pour leurs besoins personnels, ou même aux commerçants qui ont des voitures pour les besoins exclusifs de leur commerce. Il y a à Paris de grandes maisons de com-

4° Les entreprises de transports par terre et par eau.

merce qui ont un grand nombre de chevaux et de voitures avec un nombreux personnel pour le transport des marchandises de leurs magasins aux gares des chemins de fer et réciproquement, et pour la livraison à la clientèle. Quels que soient le nombre des véhicules et l'importance du service, il n'y a pas là une entreprise de transport.

Si, au contraire, ce même négociant, ou un négociant exerçant un commerce similaire, confie à une tierce personne l'exécution de ce service moyennant une certaine redevance, cette personne, alors même qu'elle n'exécuterait pas de transports pour d'autres clients, doit être considérée comme ayant une entreprise de transports. Elle se trouvera soumise, avec ses ouvriers et employés, à l'application de la nouvelle loi.

5° Entreprises de chargement et de déchargement.

119. Cette désignation ne s'appliquerait pas aux ouvriers qui se mettent à la disposition des particuliers pour opérer le déchargement de marchandises expédiées par wagons complets, comme la houille, le bois, les fumiers ou autres marchandises. Mais il existe, surtout dans les ports, des industriels qui, moyennant un prix fixé pour chaque affaire, se chargent d'opérer avec des ouvriers de leur choix, soit le déchargement, soit le chargement des marchandises, et particulièrement l'arrimage de la cargaison des

navires. C'est à ces industries que s'applique la loi nouvelle.

120. La loi désigne ici les entrepôts, docks, magasins généraux, Cela ne comprend pas les magasins ordinaires, car les simples commerçants ne sont pas soumis à la loi.

6° Magasins publics.

121. On désigne par le mot « mines » le terrain, le gîte au sein de la terre d'où l'on extrait des métaux, des combustibles, des gemmes : mines d'or, mines de charbon, mines de diamants. Le mot « minières » s'applique aux mêmes exploitations lorsqu'elles sont pratiquées à ciel ouvert.

7° Mines, minières et carrières.

Le mot « carrières » s'applique particulièrement aux exploitations dans lesquelles on pratique, soit à ciel ouvert, soit au moyen de galeries, l'extraction du marbre, de la pierre, du sable, etc.

122. La triple expression « mines, minières, carriéres » est employée par la loi, pour englober d'une façon générale toutes les entreprises qui ont pour objet d'extraire du sol un produit quelconque. Les grandes entreprises de mines représentant des capitaux considérables tombent sous l'application de la loi comme le petit entrepreneur qui, avec quelques ouvriers, extrait de la pierre à plâtre, de la meulière, du sable ou de la marne.

123. La loi désigne par les mots exploitation ou

8° Toute exploi-

partie d'exploitation dans laquelle sont fabriquées ou mises en œuvre des matières explosives, les établissements d'État où sont fabriquées les poudres de guerre et les poudres livrées au commerce. Cela s'applique également aux établissements où l'on fabrique les explosifs, comme la dynamite ou le fulminate; aux usines à gaz, aux fabriques d'acétylène.

124. La loi a employé l'expression « mises en œuvre » à la place de l'expression « employées ». L'emploi ne suffit pas, il faut une manipulation.

Voici comment, à cet égard, s'exprimait M. Thévénet, rapporteur, dans la séance du Sénat du 29 janvier 1898 :

« L'art. 1er vise la fabrication et la manipulation « industrielle de ces substances, et seulement les « accidents qui peuvent survenir dans l'usine où « elles sont préparées pour la consommation et à « l'occasion de cette préparation. »

Le mot « mise en œuvre » des matières explosives désigne les artificiers et les cartouchiers. Cela devra s'appliquer aux armuriers qui fabriquent des cartouches pour leur clientèle. L'employé qui serait blessé par un accident dû à cette fabrication, alors même qu'il n'aurait pas été personnellement occupé à la fabrication des cartouches, pourra invoquer le bénéfice de la loi, et le patron devra faire au maire de la commune la déclaration de l'accident produit.

125. Un particulier qui seul, ou avec l'aide de son domestique, fait des cartouches pour son usage personnel, ne tombe pas sous l'application de la loi, car il n'est pas entrepreneur. Les fabriques d'allumettes, où il est fait emploi de matières explosives, se trouvent par ce fait comprises dans la catégorie des établissements visés.

126. Aux yeux du législateur, la présence dans un établissement d'une machine mue par autre chose que la force de l'homme ou des animaux constitue un danger qui modifie les conditions du travail et doit imposer à l'industrie une législation spéciale.

127. Un industriel a dans un atelier six tours auxquels travaillent six ouvriers; il installe un arbre de couche, et, dans une pièce voisine, un moteur fait tourner cet arbre de couche sur lequel s'enroulent des courroies qui mettent les tours en mouvement; les patrons et ouvriers sont soumis à la loi nouvelle. Le même patron supprime-t-il son arbre de couche, et chaque ouvrier, à l'aide de pédales, actionne-t-il lui-même son outil, ils resteront sous l'empire du droit commun.

Certains magasins, que n'atteint pas la loi de 1898, ont dans leurs dépendances une installation mécanique pour assurer, par exemple, un système

9° Les exploitations ou parties d'exploitation dans lesquelles il est fait usage d'une machine mue par une force autre que celle de l'homme ou des animaux.

d'éclairage électrique. Dans la partie d'exploitation où ne se trouvent pas ces machines, il apparaît que la loi nouvelle ne doit pas s'appliquer ; mais en est-il de même à l'égard des ouvriers spéciaux occupés à la fabrication de la lumière électrique? Nous le pensons également ; ce négociant fabrique la lumière électrique pour son usage personnel, il n'est donc pas entrepreneur d'éclairage par l'électricité.

La loi ne s'applique pas aux travaux agricoles.

128. Il résulte des travaux préparatoires que la loi de 1898 ne s'applique pas aux travaux agricoles, sauf le cas où il est fait, dans cette exploitation agricole, usage d'une machine mue par une force autre que celle de l'homme ou des animaux ; on rentre alors dans la dernière catégorie d'établissements soumis à la loi en vertu de l'art. 1er. Dans ce cas, l'application de la loi est restreinte aux ouvriers spécialement affectés au service de la machine et au cas où l'accident a eu pour cause l'usage même de cette machine. Un cultivateur dont la machine à battre est actionnée à l'aide d'un manège ou d'un cheval marchant sur un plan incliné, reste soumis au droit commun ; s'il se sert d'un petit moteur à pétrole, il tombe sous l'application de la loi nouvelle (1).

(1) Cette interprétation est confirmée par la loi du 30 juin 1899. (Voir aux pièces.) Le propriétaire de la machine est seul responsable, le cultivateur n'est point engagé par une simple location, à la condition qu'il ne dirige pas, par lui ou ses préposés, le fonctionnement de la machine.

129. La loi du 21 juin 1898 sur le code rural ne fait aucun rappel de la loi du 10 avril précédent; son art. 12 est ainsi conçu :

« Art. 12. — Le préfet, après avis du conseil « général et des chambres d'agriculture consul- « tatives, détermine les mesures à prendre dans « toute exploitation agricole où il est fait usage constant « ou momentané d'appareils mécaniques, afin d'évi- « ter les dangers spéciaux pouvant résulter de ces « appareils, dangers d'incendie ou dangers concer- « nant les personnes. »

130. Il faut ajouter qu'en cas d'accident l'agriculteur devra faire la déclaration au maire de sa commune.

131. Les travaux préparatoires indiquent également que la loi nouvelle s'applique aux ouvriers et employés de l'État, mais cela résulte nécessairement de la disposition de l'art. 13, 5e al., que nous aurons à étudier au sujet de la procédure. Cette règle ne contredit pas ce que nous avons expliqué pour les ouvriers occupés à des travaux faits en régie pour le compte de l'État; ces ouvriers ne font point, en effet, partie du personnel administratif, ils sont occupés par l'État à l'exécution de travaux publics, mais ne sont pas des employés de l'État. Ceux qui les dirigent, ingénieurs ou conducteurs des ponts et chaussées,

par exemple, sont, au contraire, des employés de l'État.

Ouvriers des ateliers de la marine.

132. L'art. 32 exclut de l'application de la loi certains ouvriers d'État qui se trouvent bénéficier d'une situation plus favorable.

ART. 32. — *Il n'est point dérogé aux lois, ordonnances et règlements concernant les pensions des ouvriers, apprentis et journaliers appartenant aux ateliers de la marine, et celles des ouvriers immatriculés des manufactures d'armes dépendant du ministère de la guerre.*

La loi nouvelle ne s'applique pas non plus aux inscrits maritimes qui jouissent d'un régime spécial établi par une loi du 21 avril 1898, relative à la création d'une caisse de prévoyance, entre les marins français, contre les risques et accidents de leur profession. Cette loi est applicable obligatoirement et exclusivement aux inscrits maritimes. Elle établit une pension viagère dite de demi-solde d'infirmité à la victime, à sa veuve et aux enfants si la mère veuve vient à décéder ou se remarie. L'art. 11 réserve expressément l'application du droit commun.

CHAPITRE III

INDEMNITÉS ACCORDÉES PAR LA LOI DU 9 AVRIL 1898.

1re SECTION. — *Caractères généraux de l'indemnité.*

133. D'après le droit commun, l'indemnité allouée en réparation d'un préjudice souffert, doit, en principe, être égale à ce préjudice.

Le Code civil, s'occupant des dommages-intérêts dus en cas d'inexécution des obligations conventionnelles, dit (art. 1149) que les dommages-intérêts dus au créancier sont, en général, de la perte qu'il a faite et du gain dont il a été privé.

Les art. 1382 et suivants ne limitent pas l'étendue de la responsabilité ; les tribunaux ont un pouvoir absolu d'appréciation, et on peut faire entrer dans la réparation à la fois le préjudice matériel et le préjudice moral.

Cependant la jurisprudence, étendant aux dommages-intérêts ce que la loi décide en matière de créance alimentaire, admet qu'on doit tenir compte, dans la fixation de ces dommages-intéréts, des facultés du débiteur.

134. Les dommages-intéréts n'étant dus qu'à raison de la responsabilité de celui qui les doit, lorsque l'accident est en partie dû à la propre faute de la victime, la jurisprudence est arrivée à établir la théorie très juridique de la faute partagée. Dans la matière qui nous occupe, si l'accident est dû à la faute exclusive du patron, il doit réparer intégralement le préjudice; si l'accident est dû à une faute commune, la responsabilité se partage, et le patron ne doit qu'une partie des dommages-intéréts. Enfin, si l'accident est dû à la faute exclusive de la victime, celle-ci n'a droit à aucuns dommages-intéréts.

135. Nous avons vu que la loi nouvelle écartait toute idée de faute, au point de vue du droit à l'indemnité, dans les accidents dont sont victimes certains ouvriers. Cependant la solution qu'elle a adoptée se rapproche de la solution admise dans le cas de faute partagée; la loi, mettant la responsabilité à la charge de l'entreprise, en fait supporter les conséquences partie par le patron, partie par la victime elle-même.

136. Le premier caractère de l'indemnité établie par la loi de 1898 est d'être une indemnité incomplète.

En laissant une part importante du préjudice à la

charge de l'ouvrier, l'idée du législateur a été évidemment d'intéresser les ouvriers et employés à éviter le plus possible les accidents. L'exemple de ce qui s'est produit en Allemagne, où en quelques années le nombre des accidents a augmenté dans des proportions considérables à la suite de la loi sur les accidents, était de nature à inspirer des inquiétudes sérieuses. Il était de l'intérêt même des travailleurs qu'ils fussent engagés à redouter des accidents dans lesquels ils auront toujours un préjudice à souffrir.

137. Certaines législations étrangères contiennent une disposition analogue en matière d'assurances contre l'incendie; pour forcer les particuliers à éviter ces incendies, la loi décide qu'une partie du risque devra toujours rester à la charge du propriétaire.

138. Le second caractère de l'indemnité établie par la loi est d'être une indemnité légale.

L'indemnité est une indemnité légale.

Établie par la loi en faveur de certaines personnes et à la charge de certaines autres, l'indemnité est calculée sur des bases déterminées par la loi, dont ni les parties ni le juge ne peuvent s'écarter; le mode et la nature de cette indemnité se trouvent également imposés par la loi.

L'indemnité doit consister en une rente pour les incapacités permanentes; les parties ne peuvent lui substituer l'allocation d'un capital. Elle doit être proportionnelle au salaire ; ni les parties, ni le juge ne peuvent en déterminer le quantum en s'appuyant sur d'autres considérations.

139. Cette indemnité a un caractère alimentaire. L'art. 3, dans son 13e alinéa, déclare expressément que *les rentes constituées en vertu de la présente loi sont payables par trimestre : elles sont incessibles et insaisissables.*

Il n'est rien dit de l'indemnité temporaire, mais on ne peut sérieusement contester son caractère incessible et insaisissable. En effet, d'après la loi du 12 janvier 1895, le salaire des ouvriers ne peut être saisi que jusqu'à concurrence du dixième ; or, l'indemnité temporaire ne représente que la moitié du salaire de l'ouvrier.

Puisque la loi décide que les neuf dixièmes du salaire de l'ouvrier doivent être considérés comme ayant un caractère alimentaire et, par suite, être mis à l'abri des poursuites des créanciers, cette règle s'applique évidemment à l'indemnité qui ne représente qu'une part plus faible encore de ce salaire.

140. On a dit que l'indemnité établie par la loi était forfaitaire et transactionnelle. Il faudrait ajouter que c'est la loi qui intervient entre le chef d'entreprise et le patron pour leur imposer une transaction et fixer à forfait le chiffre de l'indemnité.

Pour qu'il y ait transaction entre deux parties, il faut imaginer, en général, que chacune d'elles abandonne quelque chose de ses prétentions. Le chef d'entreprise soutient qu'il ne doit rien ; la victime de l'accident demande 10.000 francs ; on se met d'accord pour éviter le procès moyennant une indemnité de 5.000 francs. Cette indemnité fixée par l'accord des parties sera, si l'on veut, forfaitaire et transactionnelle.

D'après la loi nouvelle, la victime d'un accident et le chef d'entreprise ne font pas une transaction sur le chiffre de l'indemnité qui est due.

Nous avons expliqué que, même après l'accident, on ne pouvait librement transiger. Le chef d'entreprise pourrait contester sa responsabilité, la victime pourrait demander une réparation exagérée ; la loi, prévoyant ces procès, a voulu régler le conflit à l'avance.

La responsabilité du patron ne sera plus contestable, et, d'un autre côté, la réclamation de la victime se trouvera limitée. Il y a transaction entre des prétentions contraires. et forfait sur le chiffre de l'indemnité ; mais transaction et forfait sont l'œuvre de la loi et non de la volonté des parties.

Ainsi un ouvrier, après une incapacité de travail de dix jours, pourrait demander dix fois son salaire et des dommages-intérêts supplémentaires, le patron pourrait soutenir ne rien devoir; la loi nouvelle intervient et dit aux parties : L'ouvrier qui gagnait 5 fr. par jour a droit à une indemnité quotidienne de 2 fr. 50 par jour à partir du cinquième jour, plus certains frais de maladie; il ne peut réclamer davantage, et le patron ne peut refuser de payer. L'indemnité ainsi fixée est forfaitaire et transactionnelle, mais cette transaction et ce forfait ne résultent pas de l'accord des parties, c'est la loi qui crée une obligation restreinte à la charge du patron et un droit limité au profit de l'ouvrier.

141. Nous devons maintenant étudier successivement les indemnités allouées à la victime elle-même et les indemnités allouées aux représentants.

2ᵉ SECTION. — INDEMNITÉS ALLOUÉES A LA VICTIME.

§ 1ᵉʳ. — *Indemnité en cas d'incapacité temporaire.*

Incapacité temporaire.

142. L'ouvrier ou employé a droit *pour l'incapacité temporaire à une indemnité journalière égale à la moitié du salaire touché au moment de l'accident, si l'incapacité de travail a duré plus de quatre jours, et à partir du cinquième jour.* Art. 3, 4ᵉ al.

Cet article laisse à la charge exclusive de la victime

les petits accidents qui entraînent une incapacité de travail de quatre jours; pour les jours suivants, il y a partage du préjudice, moitié du salaire touché au moment de l'accident sera payée à l'ouvrier.

143. Les salaires payés aux ouvriers dans la plupart des industries sont soumis à de grandes variations. Tel ouvrier qui gagne 15 francs par jour à certaines époques de l'année ne gagne que 3 ou 4 fr. à d'autres moments. S'il gagnait 15 francs il touchera 7 fr. 50 pendant tout le temps que durera son incapacité de travail; s'il gagnait 4 francs au moment de l'accident, il ne touchera que 2 francs, alors même que, la maladie s'étant prolongée, ses camarades d'atelier auraient vu leur salaire remonter à 15 francs.

144. Il faut remarquer que l'indemnité pour incapacité temporaire est une indemnité journalière, c'est-à-dire qu'elle est due même pour les dimanches et les jours fériés.

145. Le calcul de cette indemnité est facile à faire quand il s'agit d'ouvriers payés à la journée; mais pour les employés payés à l'année et pour ceux qui ont en sus de leur traitement des avantages en nature, comme le logement, l'éclairage, le chauffage, le calcul sera plus difficile à faire.

Calcul de l'indemnité journalière des employés payés à l'année.

Pour déterminer le salaire quotidien, on peut

faire le total de ce que gagnait l'employé en une
année et diviser par 365, nombre de jours de l'année.
On peut aussi soutenir que des 365 il faut déduire
les dimanches et les jours fériés, et faire la division
par 300 que l'on peut considérer comme le nombre
de jours utiles compris dans l'année. La loi ne dit
rien à cet égard. Comme l'indemnité sera journalière
et payée pour les dimanches et fêtes, on peut soutenir que la division doit être faite par 365.

La question n'est pas sans une certaine importance, car le temps pendant lequel l'indemnité journalière pourra être payée peut se prolonger pendant
des semaines, des mois, et même plus d'une année.

L'indemnité
journalière est
due en cas
d'incapacité per-
manente.

146. L'indemnité temporaire de demi-salaire n'est
pas seulement exigible pendant la durée plus ou
moins longue d'une incapacité temporaire.

L'art. 3, 4ᵉ al., doit se compléter par le 4ᵉ alinéa
de l'art. 16, qui est ainsi conçu :

*Si la cause n'est pas en état, le tribunal sursoit à
statuer, et l'indemnité temporaire continuera à être servie jusqu'à la décision définitive.*

Pour comprendre cette disposition, il est nécessaire
de présenter un exemple.

Un ouvrier gagnant 15 francs par jour au moment de l'accident dont il est victime a le bras pris
dans un engrenage, et l'amputation est faite ; il est

certain qu'on se trouve en présence d'une incapacité permanente et partielle. Nous verrons, dans quelques instants, que le blessé a droit à une rente égale à la moitié de la réduction que l'accident aura fait subir au salaire. On ne peut déterminer cette réduction qu'en opérant une comparaison entre le salaire annuel avant l'accident et le salaire annuel gagné par l'ouvrier blessé quand il aura pu reprendre du travail.

147. Si les parties ne sont pas d'accord pour fixer immédiatement le chiffre de la rente, il faudra attendre que l'ouvrier blessé ait pu reprendre du travail, attendre un an pour comparer ce qu'il gagne depuis l'accident à ce qu'il gagnait avant, attendre que le tribunal ait statué, et, en cas d'appel, que la cour ait enfin rendu une décision, qui sera définitive, sauf le droit de revision.

Pendant tout ce temps, « l'indemnité journalière continuera à être servie ».

D'après l'art. 3, l'indemnité journalière du demi-salaire ne serait due que dans le cas d'incapacité temporaire; pour l'incapacité permanente, la rente, représentant l'indemnité, devrait alors être payée à partir du jour de l'accident.

Avec ce système, en cas de contestation et sauf le droit pour le tribunal d'accorder une provision, la victime atteinte d'une incapacité permanente pourrait se trouver sans ressource jusqu'au moment où le chiffre de la rente serait fixé.

Quand on arrive à l'art. 16 de la loi, le législateur, oubliant peut-être la distinction faite sous l'article 3 qui réserve l'indemnité journalière à l'incapacité temporaire, établit une règle différente : la victime aura droit à l'indemnité temporaire tant que l'on n'aura pas réglé le chiffre de sa pension.

On peut reprocher au législateur de ne pas avoir formulé d'une façon expresse dans l'art. 3 la règle toute différente qui devait apparaître plus tard dans l'art. 16.

Théorie de M. Sachet sur l'indemnité temporaire en cas d'incapacité permanente.

148. Nous ne pensons pas, en présence des termes formels de cet article, qu'il soit possible d'admettre la thèse aux termes de laquelle l'indemnité temporaire serait due en cas d'incapacité permanente jusqu'au moment où, la blessure étant consolidée, l'infirmité chronique incurable succéderait à la lésion aiguë.

Cette interprétation pourrait s'appuyer sur l'autorité de M. Ricard, et elle a été admise par M. Sachet dans son Commentaire sur la loi de 1898. Il nous semble malheureusement impossible de recourir aux travaux préparatoires pour interpréter un texte formel et arriver, sous prétexte d'interprétation, à une modification véritable de la loi.

C'est l'accord des parties sur le chiffre de la rente viagère, ou en cas de désaccord, la décision du juge qui fait cesser le payement de l'indemnité journalière. L'art. 16 est formel : « L'indemnité tem-« poraire continuera a être servie jusqu'à la décision « définitive. »

Nous verrons les conséquences fâcheuses qu'entraîne cette règle de l'art. 16, mais nous ne croyons pas qu'il soit possible d'en méconnaître la portée.

149. La loi ne dit pas comment doit être payée l'indemnité journalière. Comme cette indemnité représente la moitié du salaire, on est amené à décider, dans le silence de la loi, que l'indemnité devra être payée dans les conditions du salaire lui-même, c'est-à-dire au domicile du chef de l'entreprise et aux époques habituelles.

150. ART. 8. — *Le salaire qui servira de base à la fixation de l'indemnité allouée à l'ouvrier âgé de moins de seize ans ou à l'apprenti victime d'un accident ne sera pas inférieur au salaire le plus bas des ouvriers valides de la même catégorie occupés dans l'entre-prise.*

Toutefois, dans le cas d'incapacité temporaire, l'in-demnité de l'ouvrier âgé de moins de seize ans ne pourra pas dépasser le montant de son salaire.

Salaire des ouvriers mineurs de seize ans et des apprentis.

151. Supposons que la victime de l'accident soit

un apprenti engagé à raison de 1 fr. 25 par jour. Dans un établissement industriel où le salaire minimum d'un ouvrier employé au même travail est de 3 francs, l'apprenti devrait toucher, d'après le 1er alinéa de l'art. 8, 1 fr. 50 par jour pour indemnité temporaire, c'est-à-dire 0 fr. 25 de plus que son salaire avant l'accident. Le 2e alinéa décide que l'indemnité ne devra pas dépasser le salaire plein, soit, dans l'espèce, 1 fr. 25.

152. Avant de passer à l'examen des indemnités pour incapacité permanente, nous pouvons dire un mot d'une autre sorte d'indemnité établie par l'art. 4 de la loi.

Frais de maladie et frais funéraires.

ART 4. — *Le chef d'entreprise supporte en outre les frais médicaux et pharmaceutiques et les frais funéraires. Ces derniers sont évalués à la somme de cent francs (100 fr.) au maximum.*

Quant aux frais médicaux et pharmaceutiques, si la victime a fait choix elle-même de son médecin, le chef d'entreprise ne peut être tenu que jusqu'a concurrence de la somme fixée par le juge de paix du canton, conformément aux tarifs adoptés dans chaque département pour l'assistance médicale et gratuite.

153. La loi ne dit rien du cas où le blessé serait soigné dans un hôpital. L'Assistance publique pourra-t-elle se retourner contre le chef d'entreprise et lui

demander le payement des frais de maladie? Le projet, voté par le Sénat en 1895, contenait dans son art. 5 une disposition formelle à cet égard. Malgré la disparition de cette disposition dans la loi nouvelle, nous pensons que l'Administration de l'Assistance publique pourra réclamer au chef d'entreprise le payement des frais médicaux et pharmaceutiques, dans la limite où celui-ci les doit. En effet, la victime de l'accident a, pour se faire soigner, une créance d'indemnité contre le chef de l'entreprise, dont l'Assistance publique n'a fait qu'acquitter la dette.

§ 2. — *Indemnité en cas d'incapacité permanente.*

154. L'incapacité permanente est, d'après la loi, partielle ou absolue, mais, dans les deux cas, l'indemnité allouée doit consister en une rente. Nous devons d'abord examiner une règle qui s'applique à l'une et à l'autre de ces rentes.

Le chiffre de ces rentes doit être déterminé d'après le salaire, mais ici, il ne s'agit plus du salaire touché au moment de l'accident.

ART. 10. — *Le salaire servant de base à la fixation des rentes s'entend, pour l'ouvrier occupé dans l'entreprise pendant les douze mois écoulés avant l'accident,*

7

de la rémunération effective qui lui a été allouée pendant ce temps, soit en argent, soit en nature.

La rente constituée au profit de la victime en cas d'incapacité permanente doit être calculée d'après le salaire annuel.

155. Il n'y a pas de difficulté pour les ouvriers employés depuis plus d'un an dans la même maison; un relevé sur les livres de cette maison déterminera le salaire argent payé par le chef de l'entreprise, il pourrait seulement y avoir contestation sur la valeur des avantages accordés en nature.

La question sera plus délicate s'il s'agit d'ouvriers occupés depuis un temps plus court, ou d'ouvriers employés à des travaux qui ne durent qu'un certain temps.

156. Les deux derniers alinéas de l'art. 10 règlent cette question.

Pour les ouvriers occupés pendant moins de douze mois avant l'accident, il doit s'entendre de la rémunération effective qu'ils ont reçue, depuis leur entrée dans l'entreprise, augmentée de la rémunération moyenne qu'ont reçue, pendant la période nécessaire pour compléter les douze mois, les ouvriers de la même catégorie..

Si le travail n'est pas continu, le salaire annuel est calculé tant d'après le rémunération reçue pendant la période d'activité que d'après le gain de l'ouvrier pendant le reste de l'année.

Gratifications en fin d'année.

157. Indépendamment du salaire argent, et des

avantages en nature qui forment les deux éléments principaux de la rémunération des ouvriers, il est d'usage, dans un grand nombre d'administrations et d'établissements industriels, de donner aux ouvriers et employés, à la fin de l'année, une certaine gratification. Nous pensons qu'on doit la faire figurer dans l'émolument, car elle est payée par le patron.

158. Mais que faut-il décider en ce qui concerne Les pourboires. les pourboires qui sont donnés à certains ouvriers et employés, et ne sont pas payés par le patron?

159. Si nous prenons par exemple les camionneurs faisant le service de distribution des colis en ville, ces employés reçoivent un certain salaire de leur patron ; il est constant que ce salaire se trouve augmenté dans une proportion importante par les pourboires que le public donne habituellement, et le salaire payé par le patron est établi en conséquence.

160. D'après le droit commun, la perte de ces pourboires serait un des éléments du préjudice, et il devrait en être fait état. Mais ici le droit commun ne s'applique pas. La responsabilité du chef d'entreprise, vis-à-vis de son employé, résulte du contrat de louage d'ouvrage, en ce sens que le patron est responsable parce que le blessé est son ouvrier ou son employé. C'est d'après la situation de la victime dans l'entre-

prise que doit s'évaluer la responsabilité. Nous pensons donc qu'on ne devra pas comprendre les pourboires dans l'évaluation du salaire, toutefois il en serait autrement si ces pourboires constituaient la seule rémunération de l'employé.

161. D'après une pratique assez constante, notamment à Paris, les entrepreneurs de déménagement stipulent qu'en sus du prix demandé pour le déménagement, il devra être versé une gratification déterminée, à chaque ouvrier employé au déménagement; il est certain que cette gratification doit être considérée comme un véritable salaire; l'ouvrier y a droit, car il a été stipulé pour lui, et on est tenu de verseuiller.

162. D'une manière générale, on peut dire qu'il y a salaire, toutes les fois qu'il s'agit de sommes payées par le patron ou que l'employé est en droit d'exiger en vertu de son contrat de louage d'ouvrage.

163. Une situation dont il est difficile d'établir le caractère juridique au point de vue du salaire est celle des cochers vis-à-vis de certains loueurs de voitures.

Moyennant une certaine somme que le cocher (l'employé) remet au loueur (le chef d'entreprise), celui-ci lui donne pour la journée une voiture attelée. Le gain du cocher résultera de la différence entre ce qu'il paye à son patron, et ce qu'il reçoit, comme prix de ses courses, et comme pourboires.

Il sera évidemment bien difficile d'établir sur des données un peu sérieuses le salaire annuel des ouvriers de cette catégorie.

164. Pour déterminer le salaire annuel de l'ouvrier mineur de seize ans, nous nous bornerons à rappeler ce que nous avons dit plus haut sous l'art. 8 (n° 151).

Art. 3, 3ᵉ al. — Pour l'incapacité partielle et permanente, à une rente égale à la moitié de la réduction que l'accident aura fait subir au salaire.

Indemnité en cas d'incapacité permanente partielle.

165. Cette disposition, comme la précédente relative à l'incapacité temporaire, fait supporter par moitié à la charge de la victime et par moitié à la charge du chef de l'entreprise, le préjudice subi par l'ouvrier.

166. Il serait facile d'appliquer cette disposition si on pouvait raisonner de la façon suivante : l'ouvrier gagnait six francs par jour, il a perdu un bras, il ne peut plus gagner que 1 fr.50, il perd donc 4 fr.50 par jour; en multipliant 4 fr.50 par 300, on obtient le total de sa perte annuelle, et la rente devra être de la moitié de cette perte, c'est-à-dire 675 francs.

167. Ce n'est pas ainsi que procède la loi. Il faudra d'abord rechercher, en se conformant à l'art. 10, que nous avons déjà expliqué, quel était le salaire

Calcul du chiffre de la rente en cas d'incapacité permanente partielle.

annuel de la victime avant l'accident. Cette recherche pourra quelquefois présenter certaines difficultés, mais on arrivera toujours à déterminer d'une façon à peu près exacte ce que gagnait l'ouvrier et on aura ainsi le premier terme de la comparaison. Quant au second terme de cette comparaison, c'est-à-dire le gain de la victime après l'accident, le travail est extrêmement difficile, car il faudrait attendre qu'il se fût écoulé un an depuis que l'ouvrier, après son rétablissement relatif, a pu reprendre du travail.

168. Pratiquement, les parties pourront se mettre d'accord pour arrêter tout de suite un certain chiffre de rente, sauf pendant trois ans le droit de demander la modification de ce chiffre ; mais si les parties ne s'entendent pas, le tribunal sera obligé pour se conformer à la loi, d'établir le calcul sur les bases que nous venons d'indiquer.

169. Cette disposition de la loi aboutit aux conséquences les plus extraordinaires et les plus regrettables.

Pendant trois ans la victime d'accident, atteinte d'incapacité permanente partielle, aura le plus grand intérêt à ne pas travailler pour gagner le moins possible, et si elle travaille, à dissimuler son gain. Le chiffre de la rente viagère, qui lui sera allouée, sera en effet d'autant plus grand, que la différence sera plus sensible entre son salaire avant et son salaire après l'accident.

La victime aura également intérêt à refuser toute situation lucrative qui pourrait lui être offerte par une autre personne que son patron, voici en effet ce qui arriverait :

Un ouvrier gagnant 6 francs par jour, c'est-à-dire 1,800 francs par an (6 × 300), perd un bras; nous avons exposé n° 166, en admettant qu'il puisse gagner seulement 1 fr.50 par jour, qu'il aura droit à une rente de 675 francs par an.

Cet ouvrier, manchot, mais encore actif et bien portant, pourrait trouver une place de garde qu'on peut, sans exagération, imaginer être rémunérée 800 francs par an, plus un logement estimé 200 ; il gagnerait donc 1,000 francs, au lieu de 1,800. La perte n'étant plus que de 800 fr., la rente devrait tomber à 400 francs par an, au lieu de 675 fr.

170. Il y a mieux encore. La loi s'applique aux employés, quels que soient leur salaire et leur situation. Un ingénieur, aux appointements de 10,000 fr. par an, a deux doigts de la main gauche broyés par une machine.

L'incapacité partielle peut ne pas diminuer le salaire de l'employé.

On peut dire hardiment que, la perte de ces deux doigts ne diminuant en rien ses capacités d'ingénieur, sa situation pécuniaire ne sera pas modifiée :

d'après la loi, sauf les frais de maladie et l'indemnité temporaire de demi-salaire pendant le temps où il n'a pu travailler, cet ingénieur n'aura droit à rien, et cependant on est en présence d'un homme estropié pour toute sa vie.

Il en serait de même au cas où l'ouvrier blessé trouverait une situation supérieure ou simplement égale à celle qu'il occupait précédemment.

M. Sachet, au n° 468 de son traité, s'appuyant sur la jurisprudence des tribunaux arbitraux de Gratz, de Salzbourg et de celui des chemins de fer, admet que le droit à l'indemnité existe même dans le cas où il n'y aurait point de perte réelle de salaire, toutes les fois que l'ouvrier « est atteint d'une infirmité qui diminue son aptitude au travail d'une façon appréciable en argent ».

Nous serions heureux de pouvoir adopter l'opinion de cet éminent jurisconsulte, et si la loi était à faire, il est certain qu'une modification dans ce sens s'imposerait. Malheureusement, M. Sachet reconnaît lui-même que la jurisprudence étrangère qu'il invoque est contraire à la jurisprudence des tribunaux arbitraux de Vienne, de Brünn et de Prague. Ces interprétations, par des juridictions étrangères d'une loi également étrangère, ne nous paraissent d'ailleurs pas pouvoir exercer une grande influence sur la solution à intervenir ; or le texte de la loi française est formel ; pour l'incapacité partielle permanente, l'indemnité doit être : (art 3) « une rente égale à la moitié de la réduction que l'accident aura fait subir au salaire. »

La loi ne parle pas d'une diminution dans l'aptitude au travail, diminution dont la valeur resterait soumise à l'appréciation arbitraire du juge ; elle ne vise que la *réduction du salaire.*

171. Toutes ces difficultés tombent si on se met d'accord ; mais, malheureusement, nous allons voir que la victime peut souvent avoir un grand intérêt à retarder le plus possible le règlement définitif de sa situation.

172. Le cinquième jour après l'accident on a commencé à lui payer la moitié de son salaire, art. 16 ; si l'accident s'est produit à un moment où les salaires étaient élevés, cette moitié pourra représenter sensiblement le chiffre moyen du salaire de cet ouvrier. Son incapacité relative lui fait-elle perdre moitié de son gain, il doit supporter moitié de cette perte ; un simple calcul va nous montrer le résultat. Un ouvrier, dont le salaire moyen est de 8 fr., c'est-à-dire 2,400 fr. par an (8 × 300), est blessé au moment où il touche son fort salaire, 15 fr. par jour ; l'accident a entraîné une réduction de salaire, égale à la moitié, soit 1,200 fr. ; la rente ne sera que de

600 fr. Mais tant que le règlement de cette rente ne sera pas fait, l'ouvrier touchera (art. 16) moitié de son salaire au jour de l'accident, soit 7 fr. 50 par jour, c'est-à-dire $7,50 \times 365 = 2,737$ fr. 50 par an, au lieu de 600 francs. Il aura donc intérêt à retarder le règlement.

Le juge, obligé de se soumettre à la loi et de comparer le salaire annuel de l'ouvrier avant et après l'accident, ne pourra statuer avant qu'il se soit écoulé un an depuis la guérison de l'ouvrier.

Il est plus que probable que le législateur n'a point envisagé ces conséquences de la loi. Il aurait peut-être mieux valu laisser aux tribunaux, sans leur imposer un mode particulier de calcul, le soin de fixer le quantum de la rente, en tenant compte de l'importance de la blessure et de ses conséquences au point de vue de l'activité professionnelle de la victime.

Indemnité en cas d'incapacité permanente absolue.

173. Les mêmes difficultés ne se présentent heureusement pas lorsqu'il s'agit de l'incapacité absolue de travail. Pour établir le taux de la rente, on n'a qu'à rechercher le salaire de la victime avant l'accident.

Art. 3, 2e al. — « *Pour l'incapacité absolue et permanente, à une rente égale aux deux tiers de son salaire annuel.* »

174. Lorsqu'il s'agit d'une incapacité absolue, la loi fixe aux deux tiers la part de responsabilité qui

incombe au chef de l'entreprise. Pour fixer le chiffre de la rente, on recherchera le salaire annuel de la victime avant son accident, en se conformant aux dispositions de l'art. 10.

3ᵉ SECTION. — *Indemnités allouées aux représentants.*

175. En cas de mort, la loi impose au chef d'entreprise l'obligation de payer les frais funéraires, mais ces derniers ne peuvent dépasser un maximun de cent francs (art. 4).

176. La disparition de la victime de l'accident, par sa mort, donne naissance à une créance à indemnité en faveur de ses représentants.

ART 3, 5ᵉ al. — *« Lorsque l'accident est suivi de mort, une pension est servie aux personnes ci-après désignées à partir du décès, dans les conditions suivantes. »*

177. Que faut-il entendre par accident suivi de mort? Pas de difficulté en cas de mort immédiate ou quand le blessé, transporté chez lui ou à l'hôpital, vient à décéder sans avoir cessé d'être l'objet d'un traitement, et sans qu'on ait constaté une amélioration pouvant faire croire à son rétablissement.

Le cas peut se présenter où un ouvrier assez gravement blessé pour être considéré comme atteint d'incapacité permanente absolue, vient ensuite à décéder après un temps plus ou moins long.

L'art. 19, que nous avons étudié au sujet du droit de revision, décide que s'il s'est écoulé plus de trois ans à dater de l'accord intervenu entre les parties ou de la décision définitive, le fait du décès ne donne ouverture à aucune action contre le patron.

Si le décès se produit plus de trois ans après le règlement de l'indemnité, il ne peut plus rien être demandé au nom des représentants.

En cas de mort immédiate, les représentants de la victime exercent leur action dans les conditions de procédure et de compétence que la loi impose à la victime elle-même.

Si l'action est intentée après le décès de la victime survenu avant l'expiration du délai de revision, l'action des représentants reste toujours soumise aux mêmes règles, et, pour justifier du bien fondé de leur action, il leur sera toujours nécessaire d'établir, par des certificats médicaux, que le décès a été la conséquence de l'accident éprouvé; nous aurons à indiquer sous l'art. 18 les règles de prescription applicables à l'action des représentants (n°ˢ 266 et suiv.).

La loi désigne en premier lieu, comme représentants de la victime décédée, son conjoint et ses enfants mineurs de seize ans.

178. Art. 3, §§ A et B. — A. *Une rente viagère égale à 20 pour 100 du salaire annuel de la victime pour le conjoint survivant non divorcé ou séparé de corps, à la condition que le mariage ait été contracté antérieurement à l'accident.*

En cas de nouveau mariage, le conjoint cesse d'avoir droit à la rente mentionnée ci-dessus : il lui sera alloué, dans ce cas, le triple de cette rente à titre d'indemnité totale.

B. *Pour les enfants, légitimes ou naturels, reconnus avant l'accident, orphelins de père ou de mère, âgés de moins de seize ans, une rente calculée sur le salaire annuel de la victime à raison de 15 pour 100 de ce salaire s'il n'y a qu'un enfant, de 25 pour 100 s'il y en a deux, de 35 pour 100 s'il y en a trois et 40 pour 100 s'il y en a quatre ou un plus grand nombre.*

Pour les enfants, orphelins de père et de mère, la rente est portée pour chacun d'eux à 20 pour 100 du salaire.

L'ensemble de ces rentes ne peut, dans le premier cas, dépasser 40 pour 100 du salaire, ni 60 pour 100 dans le second.

179. La disposition qui accorde trois annuités de la pension au conjoint qui se remarie doit s'interpréter en ce sens qu'en cas de nouveau mariage, on devra lui verser immédiatement trois annuités de sa pension, et qu'après ce payement le chef d'entreprise se trouvera libéré.

On pourrait soutenir que le conjoint remarié a droit seulement encore pendant trois ans au service de sa pension. Le chef d'entreprise aurait avantage à cette interprétation dans le cas où le décès venant à se produire peu de temps après le nouveau mariage, le service de la rente se trouverait arrêté. Mais cette solution ne saurait être admise ; la loi en effet, en se servant des expressions, « le triple de cette rente à titre d'indemnité totale », indique qu'il s'agit d'un capital une fois payé, et non du versement ultérieur d'un certain nombre d'arrérages.

180. Il résulte de la combinaison de ces dispositions que l'indemnité la plus forte que le chef d'entreprise pourra être tenu de payer à cette première catégorie de représentants sera de 60 pour 100 du salaire de la victime. Celle-ci même, quand elle est seule et sans charge de famille, a, en cas d'incapacité absolue, droit aux deux tiers de son traitement.

Indemnité allouée aux ascendants et descendants.

Art. 3, § C. *Si la victime n'a ni conjoint, ni enfant dans les termes des paragraphes A et B, chacun des ascendants et descendants qui était à sa charge recevra une rente, viagère pour les ascendants et payable jusqu'à seize ans pour les descendants. Cette rente sera égale à 10 pour 100 du salaire annuel de la victime, sans que le montant total des rentes ainsi allouées puisse dépasser* 30 *pour* 100.

181. Le maximum de l'indemnité due par le chef d'entreprise à cette deuxième catégorie de représentants ne peut dépasser 30 pour 100 du salaire de la victime.

182. On peut se demander si l'on doit appliquer à cette indemnité particulière la règle spéciale à la créance alimentaire qui, due seulement quand elle est nécessaire, s'éteint si le besoin, qui l'a fait naître, vient à disparaître ; tant qu'on est dans le délai de revision, la réponse affirmative ne peut faire de doute ; mais quand la revision n'est plus possible, on peut soutenir que la créance contre le chef d'entreprise est définitivement fixée. Néanmoins nous sommes d'avis qu'il y a lieu de faire l'assimilation ; le chef d'entreprise, en payant cette indemnité, ne fait qu'acquitter une obligation imposée par la loi à la victime, et elle ne peut être plus lourde pour lui qu'elle ne l'aurait été pour cette victime elle-même.

183. La loi décide que les rentes constituées au profit des représentants ne peuvent dépasser pour les rentes allouées au conjoint et aux enfants 60 pour 100 du salaire de la victime et 30 pour 100 de ce même salaire ; elle devait prévoir la nécessité de réduire le montant de chaque rente toutes les fois que,

Des cas où les rentes constituées au profit des représentants doivent subir une réduction ou un relèvement proportionnels les crédi-rentiers arrivant à un certain nombre, le total de toutes les rentes, attribuées à chacun d'eux, dépasserait le maximun.

Le 12ᵉ alinéa de l'art. 3 règle cette situation.

Chacune des rentes prévues par le paragraphe C est, le cas échéant, réduite proportionnellement.

184. La loi prévoit la réduction proportionnelle, mais ne parle pas de l'augmentation proportionnelle, qui peut cependant se présenter pour les rentes constituées en vertu des paragraphes B et C.

Le défunt a laissé son père, sa mère et deux petits enfants qui tous étaient à sa charge. Une rente de 10 pour 100 du salaire pour chacun d'eux représenterait 40 pour 100, et comme le maximun est de 30 pour 100, chacune des rentes subit une retenue proportionnelle ; un des crédi-rentiers vient à disparaître soit par la mort, soit parce qu'un des mineurs a dépassé seize ans, ils ne seront plus que trois, et la rente pourra être rétablie pour chacun d'eux au taux de 10 pour 100.

185. Le défunt a laissé une veuve et trois enfants, la part de la veuve est de 20 pour 100, celle des trois enfants de 35 pour 100, en tout 55 pour 100. La mère décède, les droits de chaque enfant orphelin de père et de mère sont de 20 pour 100 avec un maximun de 60 pour 100, ils sont trois et peuvent

demander l'augmentation de leur pension, en sorte que le décès de la veuve augmentera les charges du chef de l'entreprise. Cela ne s'appliquerait pas en cas de remariage, car les enfants ne se trouveraient pas orphelins de père et de mère.

186. Nous pensons que ces augmentations peuvent être demandées au chef de l'entreprise tant que l'on est dans le délai de revision ; mais après, les droits des parties se trouvent fixés, et il ne nous semble pas, passé ce délai, que les charges résultant de l'accident puissent être augmentées.

187. Nous avons dit que la loi ne distinguait pas entre le Français et l'étranger. Cependant, l'indemnité n'est due à ce dernier qu'à la condition qu'il réside en France.

Indemnité due aux étrangers.

Art. 3, 14e al. — *Les ouvriers étrangers, victimes d'accidents, qui cesseront de résider sur le territoire français recevront, pour toute indemnité, un capital égal à trois fois la rente qui leur avait été allouée.*

Nous pensons que l'étranger, qui quitte la France, a droit au payement immédiat de trois annuités, et non au service de sa rente viagère pendant trois ans après son départ. Sa situation à cet égard est la même que celle du conjoint qui se remarie (n° 179).

188. Art. 3, dernier al. — *Les représentants d'un ouvrier étranger ne recevront aucune indemnité si, au*

Indemnité due aux représentants étrangers.

moment de l'accident, ils ne résidaient pas sur le terri-
toire français.

Cette disposition n'indique pas le sort de la rente constituée, au cas où des représentants, qui résidaient sur le territoire français au moment de l'accident, viendraient à quitter la France. Dans ce cas, comme pour la victime elle-même et moyennant le payement de trois annuités, le chef d'entreprise serait-il libéré du payement de la rente?

On peut croire à un oubli du législateur, car il est singulier de voir la victime moins bien traitée que ses représentants; et l'obligation de servir une rente par exemple à une femme qui, après avoir perdu son mari, serait repartie pour son pays d'origine, peut paraître singulière. La loi ne distingue pas, et on ne peut, sous le prétexte d'un oubli du législateur, introduire dans le texte une disposition qui ne s'y trouve pas. L'indemnité, allouée aux représentants étrangers, leur est acquise, alors même qu'ils cesseraient de résider sur le territoire français.

189. On peut, au sujet de cette disposition, indiquer que le *Journal officiel* qui a publié la loi, a orthographié le texte du dernier alinéa de l'art. 3 de la façon suivante : « Les représentants d'un ouvrier étranger ne recevront aucune indemnité si, au moment de l'accident, *il ne résidait* pas sur le territoire français. »

Cette modification aurait pour résultat de changer complètement le sens de cet article, mais il n'y a pas à tenir compte de ce changement de texte ; il résulte d'un erratum constaté dans l'*Officiel* du 15 avril suivant.

SECTION IV.

Lieu de payement des rentes constituées. — Règles pour le versement du capital des rentes. — Revision.

§ 1er. — *Lieu de payement des rentes constituées.*

190. La loi (art 3) décide que les rentes constituées sont payables par trimestre ; elle n'indique pas le lieu où le payement doit être effectué. Nous avons admis que l'indemnité temporaire devait être payée au domicile du patron. Il semble, au contraire, pour la rente, que le bénéficiaire pourrait exiger le payement à son domicile.

La loi, en effet, organise le payement par mandat-carte, lorsqu'il est fait par la Caisse des dépôts, et aussi lorsque ce payement est fait par le débiteur de la rente sur les observations du juge de paix, après un refus dans lequel il ne persévérerait que pour partie ou qu'il abandonnerait complètement. (Art. 8 et 9 du décret du 28 février 1899, pour l'application de l'art. 26.)

191. La loi nouvelle ne dit rien du lieu où doit être effectué le payement des rentes constituées ; on se trouve alors en présence de la règle générale de l'art. 1247 C. C., aux termes duquel le payement doit être fait au domicile du débiteur. La difficulté peut se présenter au cas, d'ailleurs fréquent, où le bénéficiaire de la rente n'habitera pas dans la même localité que le débiteur de cette rente.

On peut se demander si le crédi-rentier a le droit d'exiger que les arrérages échus lui soient envoyés tous les trois mois, et en ce cas à la charge de qui devront être mis les frais d'envoi. Si la loi avait indiqué comme lieu de payement le domicile du bénéficiaire de la rente, celui-ci aurait incontestablement le droit d'exiger l'envoi des fonds, et (art. 1248 C. C.) les frais de payement étant à la charge du débiteur, les frais d'envoi devraient être mis à la charge du débiteur de la rente.

Le lieu de payement étant, au contraire, d'après le droit commun, le domicile du débiteur, celui-ci pourra, croyons-nous, demander que les fonds lui soient expédiés ; mais les frais d'envoi devront nécessairement être prélevés sur le montant des arrérages, car le débiteur de la rente n'est tenu de mettre chez lui que les fonds nécessaires à la disposition du créancier.

La question peut présenter de l'intérêt, et la solution que nous avons admise pourra entraîner une diminution assez importante de la rente lorsqu'il s'agira, par exemple, d'un représentant de l'étranger, ayant quitté la France et continuant à bénéficier d'une rente constituée en sa faveur. Nous pouvons remarquer que, dans les cas, où le service de la rente est assuré par une compagnie d'assurances, le contrat précise en général le lieu et le mode du payement.

§ 2. — *Règle pour le versement du capital des rentes.*

192. Nous avons indiqué, en parlant du caractère légal de l'indemnité accordée par la loi de 1898, que les parties ne pouvaient substituer l'allocation d'un capital dans les cas où l'indemnité est donnée par la loi sous la forme d'une rente, soit à la victime, soit à ses représentants.

Cette règle, qui serait la conséquence de l'incessibilité de la rente, est formulée en termes exprès sous l'art 28, 1er al. : *Le versement du capital représentatif des pensions allouées en vertu de la présente loi ne peut être exigé des débiteurs.*

La loi donne à cette règle générale certaines exceptions que nous devons maintenant examiner.

193. Le 2ᵉ al. de l'art. 21 est ainsi conçu :

« *Sauf dans le cas prévu à l'art. 3, § A, la pension ne* « *pourra être remplacée par le payement d'un capital* « *que si elle n'est pas supérieure à 100 francs.* »

Le cas prévu à l'art. 3, § A, est celui où le conjoint survivant se remarie ; on aurait pu ajouter celui où l'étranger quitte la France, art. 3, § C.

194. M. le conseiller Serre, dans son commentaire de la loi sur les accidents du travail, sous l'art. 21, p. 189, donne à cette disposition une portée beaucoup plus grande. D'après l'opinion de ce jurisconsulte, le conjoint aurait le droit de demander le capital de sa rente, alors même qu'elle serait supérieure à 100 fr. Au contraire, M. Sachet, sous le nº 1109 de son traité, adopte l'opinion conforme à la nôtre, et les raisons qu'il a données nous paraissent décisives. Comment, en effet, supposer qu'un conjoint aurait le droit, en cas de remariage, de ne toucher que trois annuités de sa rente, si on lui accorde le droit de demander le capital de la rente tout entière ? L'auteur fait également observer qu'il « n'a jamais été ques- « tion, dans les discussions au Parlement ou dans les « rapports des commissions, de faire fléchir, en faveur « de l'époux survivant non remarié, le principe relatif « à la forme des indemnités ».

195. On voit que si la rente est inférieure à 100 francs, la pension pourra être remplacée par le payement d'un capital. C'est une faculté qui est accordée, et nous pensons que le crédi-rentier seul aurait le droit d'invoquer cette disposition.

Le chef d'entreprise qui, ainsi que nous le verrons, peut toujours s'exonérer du payement de la rente en versant le capital. à la caisse de la vieillesse, n'aurait aucun intérêt à demander à la victime le rachat de cette rente.

196. En principe, le chef d'entreprise doit une rente. Mais il peut arriver que le créancier de l'indemnité préfère obtenir un capital. Dans ce cas, si la rente est supérieure à 100 francs, la loi ne lui laisse pas l'option; au contraire, pour une rente inférieure à 100 francs, la victime d'accident peut demander le capital représentatif de cette rente. La loi considère qu'une rente inférieure à 100 francs ne peut pour l'avenir assurer à la victime un secours efficace; elle lui permet alors de demander un petit capital avec lequel il lui sera possible de faire quelque chose.

Nous pensons que cette option ne pourra être faite que trois ans après la fixation de la rente, car le chiffre de cette rente étant, pendant ce délai, toujours revisable, ce n'est qu'après l'expiration du délai de revision que l'on sera fixé sur le chiffre définitif de la rente.

Le bénéficiaire de l'indemnité peut demander le capital du quart au maximum de sa rente.

197. L'art. 9 a fait une seconde exception à la règle que la rente ne peut être remplacée par un capital.

ART. 9. *Lors du règlement définitif de la rente viagère, après le délai de revision prévu à l'art. 19, la victime peut demander que le quart au plus du capital nécessaire à l'établissement de cette rente, calculé d'après les tarifs dressés pour les victimes d'accidents par la caisse des retraites pour la vieillesse, lui soit attribué en espèces.*

Le règlement définitif prévu par l'art. 9 est : soit le règlement auquel il est procédé à l'expiration du délai de revision, soit celui accepté antérieurement par les parties, et devenu définitif par l'expiration du délai de revision. On peut demander un quart du capital, c'est-à-dire aliéner un quart seulement de la rente.

La victime doit conserver les trois quarts de sa rente.

198. ART. 9, 3ᵉ al. *Elle peut aussi demander que ce capital, ou ce capital réduit du quart au plus, comme il vient d'être dit, serve à constituer sur sa tête une rente viagère réversible, pour moitié au plus, sur la tête de son conjoint. Dans ce cas, la rente viagère sera diminuée de façon qu'il ne résulte de la réversibilité aucune augmentation de charges pour le chef d'entreprise.*

Le tribunal, en chambre du conseil, statuera sur ces demandes.

199. Le crédi-rentier a droit de demander cette modification au règlement légal de son indemnité, il ne peut l'exiger. Mais on pourrait croire que, cette demande étant accueillie favorablement par le débi-rentier, les parties pourraient se mettre d'accord, à la condition de rester dans les termes de la loi ; d'après le dernier alinéa de notre article, le crédi-rentier doit porter sa demande devant la chambre du conseil. La pensée constante de la loi est que la meilleure indemnité est la rente, qu'il faut protéger la victime que l'on considère toujours comme un mineur ou un incapable, en la forçant de recourir au tribunal pour y trouver protection contre la tentation de perdre sa rente en mangeant le capital. L'aliénation même partielle de ce capital peut être autorisée seulement par une décision de la chambre du conseil du tribunal.

En ce qui touche la rente inférieure à 100 francs, la loi ne dit rien (art. 21) ; on peut donc se demander si les parties, c'est-à-dire le crédi-rentier et le débi-rentier, peuvent se mettre d'accord pour consentir au rachat.

Il sera plus prudent toutefois pour le chef de l'entreprise d'exiger, comme dans l'art. 9, l'intervention d'une décision de la chambre du conseil.

200. Nous verrons, quand nous nous occuperons

des garanties sous l'art. 28, comment, dans certains cas, le crédi-rentier peut exiger non la remise d'un capital de sa rente, mais l'affectation particulière de ce capital pour assurer le payement de la rente.

§ 3. — *Revision.*

201. D'après le droit commun, une indemnité, fixée soit d'un commun accord, soit par une décision judiciaire, est établie d'une façon définitive et elle est acquise à la victime de l'accident.

202. La jurisprudence admet que, si les conséquences de l'accident ont entraîné un préjudice supérieur à celui reconnu lors du règlement de dommages-intérêts, le demandeur peut, par une procédure nouvelle, poursuivre l'allocation d'une indemnité supplémentaire; il doit alors justifier que le préjudice dont il se plaint, né depuis le règlement intervenu, a cependant la même origine que le préjudice dont il a déjà été indemnisé.

Par exemple, l'accident a eu pour conséquence la perte d'un œil, et l'indemnité a été fixée pour la perte de cet œil; si plus tard l'œil que l'on croyait perdu recouvre ses facultés visuelles, la victime n'en conserve pas moins l'indemnité qu'elle avait reçue. Au contraire, si le blessé perd ultérieurement et par traumatisme la vue d'une façon complète, il peut demander de nouveaux dommages-intérêts, pourvu qu'il ne se soit pas écoulé plus de trente ans depuis que l'aggravation du préjudice a donné naissance à son action en complément de dommages-intérêts.

203. L'indemnité, établie en vertu de la loi de 1898, qu'elle ait été fixée par suite d'un accord devant le président du tribunal, ou par décision judiciaire, conserve pendant une durée de trois ans, à compter du jour où elle a été fixée, un caractère provisoire.

Art. 19. — *La demande en revision de l'indemnité fondée sur une aggravation ou une atténuation de l'infirmité de la victime ou son décès par suite des conséquences de l'accident, est ouverte pendant trois ans à dater de l'accord intervenu entre les parties ou de la décision définitive.*

Le titre de pension n'est remis à la victime qu'à l'expiration des trois ans.

Le droit pour les débiteurs de dommages et intérêts de demander une fixation nouvelle de l'indemnité accordée à la victime constitue une innovation, et il y a là en faveur des chefs d'entreprise une situation meilleure que celle réglée par le droit commun. Remarquons que cette revision ne peut jamais aboutir à une restitution de sommes de la part de celui qui a obtenu les dommages-intéréts. La revision s'applique au cas où l'indemnité a consisté dans l'allocation d'une rente ; le débiteur de la rente soutient que le chiffre en a été fixé à un taux trop élevé, ou que, par suite de circonstances nouvelles, cette rente doit être diminuée. Tant qu'il n'a pas été statué sur cette réclamation, il reste débiteur de la rente, telle qu'elle avait été constituée.

204. Inversement la victime peut demander une majoration. La situation qui lui est faite par l'art. 19 est moins favorable que celle du droit commun. En effet, ce droit de revision ne lui est accordé que pendant trois ans. Dans l'exemple indiqué plus haut, l'ouvrier indemnisé pour la perte d'un œil pouvait toujours, en cas de perte par traumatisme de l'œil qu'il avait conservé, demander l'allocation de nouveaux dommages et intéréts. D'après la loi de 1898, si cet ouvrier vient à perdre complètement la vue, plus de trois ans après le règlement de son indemnité, il ne pourra pas obtenir de nouveaux dommages-intérêts, alors même qu'il établirait que la perte du second œil a été le résultat de la perte du premier et la conséquence de l'accident dont il a été victime.

205. L'art. 19 ne s'applique pas aux indemnités

temporaires, car on ne comprendrait pas comment ces indemnités pourraient être l'objet d'une demande de revision. Les parties peuvent être en désaccord sur la durée de cette incapacité, et le chef d'entreprise peut refuser d'en continuer le payement. Le juge de paix saisi du litige statuera en ordonnant la continuation de la pension ou en décidant, au contraire, qu'elle a cessé d'être due, mais cela ne constitue pas une demande de revision.

Nous aurons à revenir plus tard sur cette matière pour expliquer au moyen de quelle procédure les parties peuvent mettre en œuvre le droit de revision.

et les indemnités temporaires.

CHAPITRE IV

COMMENT OBTENIR L'INDEMNITÉ.

SECTION I. — Procédure préliminaire.— Enquête.
SECTION II. — Procédure à fin de condamnation. — Prescription.
— Procédure de révision. — Frais.

206. D'après le droit commun, le demandeur en dommages-intérêts peut exercer son action de deux manières différentes. Lorsque le fait reproché à l'auteur responsable a un caractère pénal, la victime peut se constituer partie civile devant la juridiction répressive, et obtenir du juge, qui statue sur l'application de la peine, une condamnation à des dommages-intérêts. Le demandeur peut encore, la responsabilité étant établie par une condamnation pénale, poursuivre devant les tribunaux civils la réparation du préjudice qu'il a éprouvé. Si le fait reproché n'a que le caractère d'une faute civile imputable personnellement au défendeur ou à des personnes dont il répond, le demandeur intente son action et en saisit, selon la nature de l'affaire et son importance, soit le juge de paix, soit le tribunal

civil, soit, dans certains cas, les tribunaux de commerce ou les tribunaux administratifs.

207. La loi nouvelle établit, pour l'obtention des indemnités qu'elle alloue aux victimes des accidents, une procédure absolument spéciale, contraire à tous les principes de droit commun, et qui s'impose aux juges et aux parties d'une façon absolue.

Cette procédure se divise en deux parties bien distinctes, une procédure que nous appellerons procédure préliminaire et ensuite la procédure véritable, dont le but est de saisir le créancier des dommages-intérêts d'un titre lui permettant de faire valoir ses droits.

1re SECTION. — *Procédure préliminaire.*

208. ART. 11. — *Tout accident ayant occasionné une incapacité de travail doit être déclaré, dans les quarante-huit heures, par le chef d'entreprise ou ses préposés, au maire de la commune qui en dresse procès-verbal.*

C'est au défendeur éventuel à l'action en dommages-intérêts que la loi impose la première démarche à faire. La déclaration de l'accident doit être faite par le chef de l'entreprise ou ses préposés au maire de la commune dans laquelle l'accident s'est produit.

Dans les entreprises qui comportent plusieurs établissements distincts, situés dans des communes
différentes, c'est le directeur de chaque établissement ou son préposé, qui doit faire la déclaration au
maire de la commune. Il n'y aurait pas lieu de faire
de déclaration pour un accident qui entraînerait
une incapacité de travail inférieure à quatre
jours ; car les termes des 2ᵉ et 3ᵉ alinéas de notre
art. 11 indiquent qu'il faut se trouver en présence
d'un accident d'une certaine importance.

*Cette déclaration doit contenir les noms et adresses
des témoins de l'accident. Il y est joint un certificat de
médecin indiquant l'état de la victime, les suites probables de l'accident et l'époque à laquelle il sera possible
d'en connaître le résultat définitif.*

*La même déclaration pourra être faite par la victime
ou ses représentants.*

La loi ne dit pas qu'on devra indiquer le nom de
la victime.

209. Divers cas pourront, dans la pratique, soule-
ver des difficultés.

L'accident peut, en effet, se produire en dehors
du domicile de l'entreprise, par exemple : un
employé d'une entreprise de transport est victime
d'un accident au cours d'un voyage fait pour le
compte d'un entrepreneur ; dans ce cas, la victime

fera bien de prévenir elle-même le maire de la commune dans laquelle l'accident s'est produit; le chef de l'entreprise est même, dans ce cas, tenu de faire la déclaration, mais évidemment il ne peut être tenu de la faire que dans les quarante-huit heures suivant le moment où il aura connaissance de l'accident.

210. La loi tient essentiellement à ce que la déclaration soit faite, et elle édicte une sanction pénale contre le chef d'entreprise qui aurait négligé de la faire.

Sanction de l'obligation de déclarer l'accident.

ART. 14. — *Sont punis d'une amende de un à quinze francs (1 à 15 fr.) les chefs d'industrie ou leurs préposés qui ont contrevenu aux dispositions de l'art. 11.*

En cas de récidive dans l'année, l'amende peut être élevée de seize à trois cents francs (16 à 300 fr.).

Le dernier alinéa de l'art. 11 porte que :

L'art. 15 de la loi du 2 novembre 1892 et l'art. 11 de la loi du 12 juin 1893 cessent d'être applicables dans les cas visés par la présente loi.

211. La loi du 2 novembre 1892 est la loi sur le travail des enfants, des filles mineures et des femmes dans les établissements industriels; son art. 15 est ainsi conçu :

Déclarations d'accidents prévus par les lois antérieures.

« Tout accident ayant occasionné une blessure à
« un ou plusieurs ouvriers, survenue dans un des éta-

« blissements mentionnés à l'art. 1ᵉʳ, sera l'objet
« d'une déclaration par le chef de l'entreprise, ou, à
« son défaut et en son absence, par son préposé. Cette
« déclaration contiendra le nom et l'adresse des té-
« moins de l'accident; elle sera faite dans les qua-
« rante-huit heures au maire de la commune, qui en
« dressera procès-verbal dans la forme à déterminer
« par un règlement d'administration publique. A cette
« déclaration sera joint, produit par le patron, un
« certificat du médecin indiquant l'état du blessé, les
« suites probables de l'accident et l'époque à laquelle
« il sera possible d'en connaître le résultat définitif.

« Récépissé de la déclaration et du certificat médi-
« cal sera remis, séance tenante, au déposant. Avis
« de l'accident est donné immédiatement par le
« maire à l'inspecteur divisionnaire ou départemen-
« tal. »

212. La loi du 12 juin 1893 est la loi concernant
l'hygiène et la sécurité des travailleurs dans les établissements industriels; son art. 11 est l'exacte reproduction de l'art. 15 de la loi du 2 novembre 1892
dont nous venons de rapporter les termes.

La jurisprudence a eu à s'occuper de ces dispositions. Nous citerons notamment un arrêt de la chambre criminelle de la Cour de cassation en date du
8 mai 1897 (D. P. 1897. 1. 621).

Il résulte de cette jurisprudence que la déclaration au maire ne peut être remplacée par une déclaration faite par exemple à l'inspecteur du travail.

213. Un décret du 20 mars 1893 a précisé dans tous ses détails et d'après un modèle invariable les formes de cette déclaration. L'art. 26 de la loi de 1892 sanctionne par une pénalité l'application du décret.

214. La loi de 1898 ne prévoyait aucun décret pour organiser la forme de la déclaration à faire au juge de paix. Il a été cependant rendu un décret en ce sens le 30 juin 1899. (Voir pièces annexes, p. 299.) Il nous paraît certain que la pénalité qui sanctionne l'obligation de faire la déclaration ne peut s'appliquer à la forme même de cette déclaration. Le chef d'entreprise ou son préposé sera à l'abri de toute critique quand il aura déclaré le fait de l'accident, les noms et adresses des témoins, et remis la copie du certificat médical. On ne peut légalement lui imposer aucune forme particulière.

La déclaration prescrite par la loi de 1898 n'est soumise à aucune forme particulière.

215. Quand la déclaration doit être faite au maire d'une commune autre que celle du domicile du déclarant, en l'absence d'une disposition spéciale de la loi, il nous semble que cette déclaration pourra se faire sous la forme d'une simple lettre recommandée.

216. Après le chef d'entreprise, c'est au maire de la commune que la loi impose l'obligation d'agir.

Le maire doit donner récépissé de la déclaration.

Art. 11. 4ᵉ et 5ᵉ al. — *Récépissé de la déclaration et du certificat du médecin est remis par le maire au déclarant.*

Avis de l'accident est donné immédiatement par le maire à l'inspecteur divisionnaire ou départemental du travail ou à l'ingénieur ordinaire des mines chargé de la surveillance de l'entreprise.

Il était nécesaire qu'un récépissé de la déclaration fût remis au chef de l'entreprise; celui-ci pourra le produire pour justifier de l'exécution de l'obligation que la loi lui impose.

Ces deux premières obligations imposées au maire : donner un reçu et prévenir l'inspecteur du travail ou l'ingénieur des mines, ne présentent aucune difficulté. Au contraire, sa tâche devient plus délicate et renferme un certain pouvoir d'appréciation pour se conformer à l'art. 12 de la loi.

Le maire transmet la déclaration au juge de paix, si l'accident n'entraîne pas certainement une incapacité temporaire.

217. Art. 12, 1ᵉʳ al. — *Lorsque, d'après le certificat médical, la blessure paraît devoir entraîner la mort ou une incapacité permanente absolue ou partielle de travail, le maire transmet immédiatement copie de la déclaration et le certificat médical au juge de paix du canton où l'accident s'est produit.*

Le maire de la commune dans laquelle s'est produit l'accident transmet la déclaration au juge de paix de son canton; il fallait nécessairement que ce fût le magistrat le plus voisin du lieu de l'accident qui fût chargé de procéder à l'enquête prescrite par la loi.

218. L'art. 7 du projet de 1890 portait : « Lorsque « la blessure paraîtra devoir entraîner la mort ou une « incapacité de travail de plus de vingt jours, le « maire transmettra sur-le-champ copie de la dé- « claration au juge de paix du canton. »

Cette disposition nous paraîtrait préférable à celle adoptée par la loi nouvelle, et nous pensons que le maire devra, pour ainsi dire toujours, saisir le juge de paix de la déclaration.

Cette intervention du juge de paix est inutile si on se trouve en présence d'un accident n'entraînant qu'une incapacité temporaire suivie de complet rétablissement.

Bien souvent le premier examen médical, qui doit être fait moins de quarante-huit heures après l'accident, ne peut être établi que sur des bases incertaines. Le certificat, après avoir décrit certaines contusions ou certaines brûlures de tel ou tel degré, conclut à une incapacité de travail de quelques jours ou de quelques semaines. On se croira en présense d'une incapacité temporaire, puis les semaines écoulées, le malade ne guérissant pas, on se trouvera en présence d'un cas plus grave, et il n'aura pas été procédé à l'enquéte immédiate, que nous allons voir confiée au juge de paix. Les dispositions prévues par la loi pour les cas plus graves d'incapacité permanente n'auront pas été et ne pourront pas être observées.

C'est donc seulement au cas où il y aura certitude absolue que l'accident entraînera simplement une incapacité temporaire, que le maire devra s'abstenir de faire la transmission du dossier et du certificat au juge de paix.

Ici se termine, pour l'incapacité temporaire seulement, ce que nous avons appelé la procédure préliminaire.

Enquête faite d'office par le juge de paix en cas d'incapacité permanente.

219. Pour l'incapacité permanente, et en cas de mort, la procédure préliminaire va se continuer. Le chef d'entreprise a fait sa déclaration, le maire l'a transmise au juge de paix; c'est ce magistrat que la loi va mettre en mouvement.

ART. 12. — *Lorsque, d'après le certificat médical, la blessure paraît devoir entraîner la mort ou une incapacité permanente absolue ou partielle de travail, le maire transmet immédiatement copie de la déclaration et le certificat médical au juge de paix du canton où l'accident s'est produit.*

Dans les vingt-quatre heures de la réception de cet avis, le juge de paix procède à une enquête à l'effet de rechercher :

1° *La cause, la nature et les circonstances de l'accident;*

2° *Les personnes victimes et le lieu où elles se trouvent;*

3° *La nature des lésions;*

4° *Les ayants droit pouvant, le cas échéant, prétendre à une indemnité;*

5° *Le salaire quotidien et le salaire annuel des victimes.*

ART. 13. — *L'enquête a lieu contradictoiremen dans les formes prescrites par les art. 35, 36, 37, 38 et 39 du Code de procédure civile, en présence des parties intéressées ou celles-ci convoquées d'urgence par lettre recommandée.*

Le juge de paix doit se transporter auprès de la victime de l'accident qui se trouve dans l'impossibilité d'assister à l'enquête.

Lorsque le certificat médical ne lui paraîtra pas suffisant, le juge de paix pourra désigner un médecin pour examiner le blessé.

Il peut aussi commettre un expert pour l'assister dans l'enquête.

Il n'y a pas lieu, toutefois, à nomination d'expert dans les entreprises administrativement surveillées, ni dans celles de l'État placées sous le contrôle d'un service distinct du service de gestion, ni dans les établissements nationaux où s'effectuent des travaux que la sécurité publique oblige à tenir secrets. Dans ces divers cas, les fonctionnàires chargés de la surveillance ou du contrôle de ces établissements ou entreprises, et, en ce qui concerne les exploitations minières, les délégués à la sécurité des ouvriers mineurs, transmettent au juge de paix, pour être joint au procès-verbal d'enquête, un exemplaire de leur rapport.

Enquêtes de droit commun pour les demandes de dommages-intérêts,

220. En droit commun, le demandeur en dommages-intérêts, lorsque la responsabilité, non établie par une condamnation pénale, est contestée par le défendeur, doit, pour établir cette responsabilité, articuler un certain nombre de faits précis. Le tribunal, statuant sur la pertinence et l'admissibilité de cette articulation, rend un premier jugement autorisant la preuve des faits articulés et réservant au défendeur la preuve contraire.

Demandeur et défendeur amènent leurs témoins. En matière sommaire, l'enquête est faite en audience publique et directement devant le tribunal ; en matière ordinaire, elle est faite en présence d'un juge, commis à cet effet par le jugement qui a ordonné l'enquête.

221. La situation du magistrat, dirigeant l'enquête du droit commun, et celle du juge de paix, poursuivant l'enquête prescrite par les art. 12 et 13 de la

loi, sont singulièrement différentes. Dans le premier cas, l'objet précis de l'enquête est déterminé par l'articulation, les témoins sont désignés par les parties, et le juge entend les dépositions faites sur les faits admis en preuve.

222. Pour l'enquête faite par le juge de paix, l'objet de l'enquête est déterminé par la loi; le chef d'entreprise a bien dû indiquer le nom des témoins de l'accident, mais le juge de paix devra s'entourer de tous les témoignages qui seront de nature à l'éclairer sur toutes les circonstances exactes de l'affaire. C'est une véritable mission de juge d'instruction que le juge de paix doit remplir.

Les parties seront en sa présence, mais le juge de paix n'a pas à se demander si elles sont d'accord, ou si, au contraire, l'accident donnera naissance à un procès; il n'a ni mission, ni qualité pour concilier les parties. Un accord ne pourra utilement intervenir qu'après l'enquête et lorsque les parties seront devant le président du tribunal.

223. Aux yeux de la loi, la victime d'un accident est toujours un incapable, un mineur qui a peut-être soixante ans, mais qu'il faut protéger pour lui faire obtenir son indemnité légale. Pour assurer l'application de la loi fixant la responsabilité du chef de l'entreprise, le juge de paix est charg d'une mission

déterminée, il en est chargé non par les parties, mais par la loi elle-même, et un accord de la victime et du chef d'entreprise, qui simplifierait la tâche du juge de paix, ne pourra dispenser ce magistrat de faire son enquête et d'en transmettre les résultats au président du tribunal.

L'enquête aura toujours une très grande importance, dans le cas où le chef d'entreprise soutiendrait qu'on se trouve en présence d'un accident volontaire et dans celui où l'une des parties reprocherait à l'autre l'existence d'une faute inexcusable.

224. L'enquête doit établir : 1° la cause, la nature et les circonstances de l'accident. Ici peut apparaître la nécessité des expertises, et alors on doit prévoir que l'enquête durera plus de dix jours. La loi ne parle pas des frais de cette expertise, ni des émoluments que les experts, en général, préfèrent encaisser avant de déposer leurs rapports ;

2° La désignation des personnes victimes et du lieu où elles se trouvent ;

3° La nature des lésions. Ici on doit prévoir l'intervention d'un expert, et nous nous trouvons en présence de la même difficulté que pour l'expertise technique :

4° Les ayants droit pouvant prétendre à une indemnité. C'est l'application de l'art. 3 de la loi ;

quels sont les représentants? Conjoint, enfants, ascendants, descendants.

5° Le salaire quotidien et le salaire annuel des victimes. C'est l'application de l'art. 10 qui indique comment on doit calculer ce salaire.

225. La loi vise les art. 35 à 39 du Code de procédure civile.

En conséquence, les témoins doivent prêter serment, l'enquête est contradictoire, les témoins sont reprochables, le juge de paix et les parties peuvent interpeller les témoins après leurs dépositions.

Le juge de paix peut se transporter sur les lieux de l'accident et même y faire venir les témoins; enfin, il est dressé procès-verbal de toutes ces opérations.

226. Si le juge de paix peut ordonner des expertises techniques ou médicales pour les besoins de son enquête, la loi, dans certains cas, déclare elle-même que l'expertise est inutile et qu'elle se trouvera remplacée par certains documents, auxquels la loi donne, dans cette enquête préliminaire, la valeur d'une expertise.

Le 5° alinéa de l'art. 13 décide qu'il n'y a pas lieu à expertise quand l'accident s'est produit :

A. — Dans les entreprises administrativement surveillées.

Cela désigne :

1° Les mines, minières et carrières, dont l'exploitation est soumise à la surveillance du corps des inspecteurs généraux et ingénieurs des mines ;

2° Les Compagnies de chemin de fer placées sous le contrôle de l'État ;

3° Les usines et établissements où il est fait usage de chaudières à vapeur, dont l'emploi n'est autorisé que sous la surveillance organisée par la loi du 21 juillet 1836.

B. — Dans les entreprises de l'État ayant un service de contrôle distinct du service de gestion.

Il nous apparaît que cela ne peut viser que les chemins de fer de l'État.

C. — Les établissements nationaux où s'effectuent des travaux que la sécurité publique oblige à tenir secrets.

L'interdiction faite au juge de paix de nommer des experts à l'occasion des accidents survenus dans les établissements de cette catégorie a pour raison d'être la volonté de la loi d'interdire l'accès de ces établissements, même à des experts chargés d'un mandat de justice, et cela dans l'intérêt du secret d'opérations intéressant la sécurité nationale.

227. Dans les deux premiers cas, la loi considère que l'enquête faite par les agents du contrôle, les rapports établis par des ingénieurs ou contrôleurs spé-

cialement compétents, peuvent tenir lieu du travail qui serait fait par un expert. Quand il s'agit des établissements dans lesquels se trouve une chaudière à vapeur, les ingénieurs des mines, chargés de la surveillance de ces chaudières, seront appelés à donner leur avis toutes les fois qu'un accident se sera produit à l'occasion du fonctionnement de cette chaudière ; mais des accidents peuvent se produire aux ouvriers de cet établissement pour des causes absolument étrangères. Or la loi de 1898 s'applique à tous les accidents qui se produisent dans un établissement où il est fait usage de machines mues par une force autre que celle de l'homme et des animaux. Il est difficile de se rendre compte de l'exception pour les accidents de cette nature.

Par exemple, dans les bâtiments A d'une filature se trouvent des générateurs et des appareils à vapeur, soumis à l'inspection des ingénieurs du contrôle ; dans les bâtiments B, un ouvrier est blessé par la rupture des organes d'une machine à tisser ou par la chute d'un plafond : d'après notre art. 13, le juge de paix ne pourra ordonner une expertise, et cependant le service du contrôle de la machine motrice ne pourra constater que le fonctionnement régulier de cette machine.

228. *Sauf les cas d'impossibilité matérielle dûment*   Délai dans

lequel l'enquête doit être terminée.

constatés dans le procès-verbal, l'enquête doit être close dans le plus bref délai et, au plus tard, dans les dix jours à partir de l'accident. Le juge de paix avertit, par lettre recommandée, les parties de la clôture de l'enquête et du dépôt de la minute au greffe, où elles pourront, pendant un délai de cinq jours, en prendre connaissance et s'en faire délivrer une expédition, affranchie du timbre et de l'enregistrement. A l'expiration de ce délai de cinq jours, le dossier de l'enquête est transmis au président du tribunal civil de l'arrondissement.

L'enquête du juge de paix doit, sauf le cas d'impossibilité matérielle résultant notamment d'expertises ordonnées, être close, au plus tard, dans un délai de dix jours à partir de l'accident.

Si on réfléchit que le chef d'entreprise a quarante-huit heures pour faire sa déclaration au maire, qu'il faut au maire le temps matériel pour transmettre la déclaration et le certificat médical au juge de paix, c'est dans un délai de six à sept jours que l'enquête doit être terminée.

229. Les parties sont prévenues, par le juge de paix, de la clôture de l'enquête; les procès-verbaux établis, les rapports d'experts ou ceux des ingénieurs du contrôle, s'il en a été fait, les certificats médicaux sont déposés au greffe de la justice de paix.

L'enquête n'est

230. Il n'est fait aucune signification de cette en-

quête, ni au chef de l'entreprise, ni à la victime de l'accident ou à ses ayants droit.

point signifiée aux parties.

Ces documents restent pendant cinq jours au greffe de la justice de paix. Les intéressés peuvent en prendre connaissance et s'en faire délivrer une expédition affranchie du timbre et de l'enregistrement.

A l'expiration de ce délai de cinq jours, le juge de paix doit, sans en être requis par les parties, et d'office, transmettre le dossier de l'enquête au président du tribunal de l'arrondissement dans lequel l'accident s'est produit.

Cette attribution de compétence, au tribunal de l'arrondissement dans lequel l'accident s'est produit, pourra, dans la pratique, présenter des inconvénients lorsque l'accident se sera produit en dehors du domicile des parties. Peut-être eût-il été préférable que le dossier de l'enquête fût renvoyé au président du tribunal de l'arrondissement du domicile du défendeur ou mieux du domicile de la victime.

231. En ce qui concerne cette enquête préliminaire, le rôle du juge de paix se trouve terminé. Nous remarquons que, jusqu'à présent, le chef d'entreprise pour la déclaration, le maire pour la transmission de la déclaration au juge de paix, le juge de paix pour son enquête, ont agi en dehors de toute réquisition de la victime de l'accident, sans qu'il y

ait contestation entre cette victime et le chef d'entreprise. Ils ont dû agir à cause du fait même de l'accident et en vertu d'une injonction de la loi.

Ici se termine, pour le cas de mort ou d'incapacité permanente, la procédure d'enquête préliminaire dont nous avons parlé, et nous arrivons à une sorte de tentative de conciliation organisée par la loi devant le président du tribunal civil, qui doit spontanément convoquer les parties.

Conciliation devant le président du tribunal.

232. ART. 16. — *En ce qui touche les autres indemnités prévues par la présente loi, le président du tribunal de l'arrondissement convoque, dans les cinq jours, à partir de la transmission du dossier, la victime ou ses ayants droit et le chef d'entreprise, qui peut se faire représenter.*

S'il y a accord des parties intéressées, l'indemnité est définitivement fixée sur l'ordonnance du président, qui donne acte de cet accord.

Les mots « en ce qui touche les autres indemnités » s'expliquent par ce fait que l'article précédent vient de régler la procédure pour l'obtention de l'indemnité temporaire, et l'art 16 ne s'occupe plus que de l'indemnité due en cas d'incapacité permanente.

Le président du tribunal a été saisi par le juge de paix du dossier de l'enquête, et, dans un délai de cinq jours, à partir de la transmission du dossier, il doit convoquer la victime ou ses ayants droit et le chef d'entreprise qui peut se faire représenter.

233. L'art. 16, qui organise la comparution devant le président du tribunal, admet pour le chef d'entreprise la faculté de se faire représenter; on peut se demander si la victime de l'accident, ou son représentant, ne pourrait point également se dispenser de comparaître en personne.

Le chef de l'entreprise peut se faire représenter devant le président du tribunal.

M. Sachet, au n° 890 de son traité, admet le droit pour la victime ou ses représentants de recourir à un mandataire. La raison qu'il en donne est que la comparution devant avoir lieu dans les vingt jours qui suivent l'accident, on doit prévoir que le plus souvent la victime sera hors d'état de venir en personne; enfin parmi les ayants droit, il se trouvera parfois des parents infirmes ou habitant à une grande distance.

Nous ne saurions admettre cette interprétation. D'après le texte de la loi, le chef d'entreprise seul peut se faire représenter, et cette disposition ne saurait être considérée comme le résultat d'une inadvertance. M. Sachet explique que, dans le projet voté le 5 décembre 1895 par le Sénat, l'obligation de comparaître en personne s'imposait rigoureusement aux deux parties. On a admis pour le chef d'entreprise la faculté de se faire représenter; un patron comme le directeur d'une compagnie de chemin de fer, par

exemple, peut être convoqué dans tous les arrondis-
sements traversés par le chemin de fer pour des accidents qui peuvent survenir à un personnel extrêmement nombreux ; il se trouverait dans l'impossibilité
matérielle absolue de répondre aux exigences de la
loi.

Au contraire, en ce qui concerne la victime on n'a
pas voulu modifier la règle imposant la comparution
personnelle ; le législateur se préoccupe, en effet, de
cette idée que l'ouvrier doit être protégé ; l'intervention du président du tribunal, instruit de l'affaire
par le dossier de l'enquête, est nécessaire pour
l'éclairer sur l'étendue de ses droits.

On peut supposer que le chef d'entreprise est,
mieux que l'ouvrier, en situation de se défendre ; s'il
ne comparaît pas, s'il est représenté par un mandataire incapable, la victime ne pourra qu'en tirer
avantage ; l'intervention du président doit également
rassurer sur le danger qui pourrait résulter de la présence d'un mandataire expérimenté mis en face d'une
victime inhabile à soutenir ses intérêts.

Enfin, la raison, que donne M. Sachet ne nous
semble pas déterminante, car si une impossibilité
matérielle empêchait la victime de se présenter en
personne, le président du tribunal pourrait déléguer
un magistrat pour se rendre auprès d'elle ; nous

avons vu que, dans l'enquête préliminaire, la loi impose au juge de paix l'obligation d'entendre personnellement la victime.

En présence du texte formel de l'art. 16, il nous paraît donc certain que la loi impose l'intervention personnelle de la victime ou de ses représentants.

Nous n'avons rien trouvé dans le Commentaire de M. Serre, sous cet article, qui soit de nature à contredire cette interprétation, et rien n'indique que l'obligation pour la victime de comparaître en personne devant le président du tribunal ait pu sembler contestable aux yeux de cet éminent magistrat.

234. Lorsque les parties, s'étant mises d'accord, dès l'origine, persévèrent dans cet accord, ou, en présence du juge, arrivent à un accord, le président rend une ordonnance qui en donne acte, et l'indemnité se trouve fixée non pas définitivement, comme le dit la loi, mais sous réserve pendant trois ans du droit de revision.

235. Le président, avant de donner acte aux parties de leur accord, doit vérifier avec soin, d'après le dossier de l'enquête, si la prétention est fondée, conforme à la loi de 1898, et si le chiffre de l'indemnité proposée et acceptée ne dépasse pas les limites imposées par la loi. On peut en effet facilement supposer qu'un entrepreneur, sur le point d'être mis en faillite,

ne se donnerait pas la peine de contester une réclamation formulée contre lui. Nous verrons que l'ordonnance du président constatant l'accord des parties constitue un titre en vertu duquel le bénéficiaire de l'indemnité peut se faire payer par la Caisse nationale des retraites. Il est donc indispensable que la créance soit une créance établie en conformité de la loi de 1898, et que le bénéficiaire soit une des personnes auxquelles cette loi donne le privilège de se faire payer par la Caisse nationale.

Cas dans lesquels une des parties ne comparaît pas devant le président du tribunal.

236. L'art. 16 règle le cas où les deux parties ont comparu devant le président du tribunal, mais il faut prévoir différentes situations qui se présenteront nécessairement dans la pratique.

— Ou bien une seule des parties comparaîtra, ou ni l'une ni l'autre ne se présentera.

Dans la première hypothèse, si le demandeur, seul comparant, déclare faire abandon de toute réclamation, le président pourra rendre une ordonnance constatant l'accord des parties, résultant de l'abandon par le demandeur de sa prétention vis-à-vis d'un adversaire qui ne peut qu'accéder à la déclaration de ce demandeur. — Au contraire, si le demandeur, seul comparant, maintient sa réclamation, ou si le défendeur est seul comparant, le président ne peut donner acte aux parties d'un accord qui n'est point établi, et il devra rendre une ordonnance de renvoi.

Il en serait de même du cas où aucune des parties ne se présenterait; le président pourrait alors, dans son ordonnance, constater, d'une part, qu'il n'est rien demandé, ou qu'il n'est pas suivi sur une demande antérieure; d'autre part, qu'il n'est pas défendu par le chef d'entreprise à une demande qui n'a point été introduite ou qui n'est pas suivie contre lui.

Ici se termine la procédure préliminaire.

237. L'obligation de faire la déclaration, les formalités de l'enquête préliminaire, les règles particulières de compétence que nous venons d'examiner, donneront lieu à des difficultés pratiques considérables qui ne semblent point avoir été prévues par la loi.

Pour les entreprises de transport par terre ou par eau, l'accident dont l'employé se trouverait victime peut se produire non seulement en France, où l'on trouvera toujours le maire, le juge de paix et le président du tribunal, mais il peut encore se produire en dehors du territoire français.

Un cas analogue peut se présenter pour les différentes entreprises visées par la loi, par exemple : un entrepreneur de constructions, qui envoie des ouvriers pour l'exécution d'un travail à l'étranger; un entrepreneur de constructions mécaniques, qui, livrant une machine à l'étranger, envoie un ou plusieurs ouvriers pour procéder à l'installation et à la mise en marche de cette machine.

238. On peut se demander, en cas d'accidents survenus à ces ouvriers, à qui la déclaration devra être faite et par qui l'enquête devra être conduite.

Faut-il, par analogie avec les règles ordinaires, faire attribution au consul de France à l'étranger des fonctions que la loi nouvelle attribue au maire et au juge de paix, le consul pouvant ensuite renvoyer le dossier de son enquête au président du tribunal du domicile de la victime?

On ne peut, en présence du silence de la loi, faire, cet égard, que de simples conjectures.

2ᵉ SECTION. — *Procédure à fin de condamnation.*

239. Les auteurs de la loi de 1898 avaient certainement l'intention d'éviter, autant que possible, les procès entre les ouvriers et les patrons.

Nous venons de voir que cette loi, en cas de mort ou d'incapacité permanente, amène les parties devant le président du tribunal, alors même qu'elles se seraient mises d'accord pour le règlement de leur indemnité.

L'art. 22 accorde de plein droit l'assistance judiciaire au demandeur de l'indemnité. Les employés gagnant de gros traitements, mais régis par la loi nouvelle, profiteront de cette faveur.

La demande en indemnité doit, d'après sa nature, être portée devant le juge de paix ou devant le tribunal civil. La jurisprudence qui admettait que cette action fût portée devant les tribunaux de commerce se trouve absolument écartée.

240. Devant le juge de paix, l'assistance judiciaire est accordée en vertu du dernier alinéa de l'art. 22.

Le bénéfice de l'assistance judiciaire s'étend de plein droit aux instances devant le juge de paix, à tous les actes d'exécution mobilière et immobilière, et à toute contestation incidente à l'exécution des décisions judiciaires.

241. Elle est accordée devant le tribunal civil, en vertu des trois premiers alinéas de cet article.

Art. 22. — *Le bénéfice de l'assistance judiciaire est accordé de plein droit, sur le visa du procureur de la République, à la victime de l'accident ou à ses ayants droit, devant le tribunal.*

A cet effet, le président du tribunal adresse au procureur de la République, dans les trois jours de la comparution des parties prévue par l'article 16, un extrait de son procès-verbal de non-conciliation; il y joint les pièces de l'affaire.

Le procureur de la République procède comme il est

prescrit à l'article 13 (*paragraphes* 2 *et suivants*) *de la loi du* 22 *janvier* 1851.

242. Aux termes de la loi du 22 janvier 1851, le demandeur en assistance judiciaire doit (art. 8) présenter au procureur de la République une demande sur papier libre ; il joint à cette demande (art. 10) un extrait du rôle de ses contributions ou un certificat du percepteur de son domicile, constatant qu'il n'est pas imposé, et une déclaration affirmée devant le maire de la commune de son domicile, attestant qu'il est, à raison de son indigence, dans l'impossibilité d'exercer ses droits en justice.

Le procureur de la République, saisi de la demande et des pièces annexées, transmet le dossier au bureau de l'assistance judiciaire. Le bureau commence une instruction, convoque les parties (art. 11), « emploie ses bons offices pour opérer un arrangement amiable ». La décision qui accorde l'assistance judiciaire est renvoyée par l'intermédiaire du procureur de la République au Président de la Cour, ou du tribunal, ou au juge de paix. Devant la Cour ou devant le tribunal (art. 13), le Président invite le bâtonnier de l'Ordre des avocats, le président de la Chambre des avoués et le syndic des huissiers à désigner l'avocat, l'avoué et l'huissier qui prêteront leur ministère à l'assisté.

Devant le juge de paix, celui-ci se borne à inviter le syndic des huissiers à désigner un huissier.

243. Il résulte de ces dispositions que l'assistance judiciaire est accordée par la décision du bureau ; le procureur de la République, le président du tribunal ou le juge de paix la mettent à exécution.

D'après la loi de 1898, l'assistance judiciaire est accordée par la loi, et on ne peut voir quelle serait la nécessité de l'intervention du bureau.

Le demandeur est dispensé de produire les feuilles d'imposition et déclaration d'indigence, exigées par l'art. 10 de la loi de 1851. Le bureau n'aurait aucun pouvoir de conciliation, il n'aurait point à constater l'indigence, son rôle devrait se borner à constater si on se trouve en présence d'un cas où s'applique la loi de 1898.

Dans l'hypothèse prévue et réglée par l'art. 22, il ne peut y avoir contestation sur ce point ; les parties ont comparu devant le président du tribunal après l'enquête préliminaire, et, faute d'accord intervenu, l'ordonnance du président a renvoyé les parties devant le tribunal ; il est donc certain qu'on se trouve en présence d'un cas où s'applique la loi de 1898.

L'art. 22 ordonne que le dossier soit transmis au procureur de la République, et celui-ci doit agir

« comme il est prescrit à l'art. 13, §§ 2 et suiv., de la loi du 22 janvier 1851 ». Il est donc placé dans la situation où il se trouve après la décision rendue par le bureau; mais, au lieu de laissser au président du tribunal le soin de poursuivre les désignations d'office, c'est le procureur de la République lui-même qui doit poursuivre auprès du bâtonnier de l'Ordre des avocats, du président de la Chambre des avoués et du syndic des huissiers les désignations d'office.

Il eût peut-être été plus simple de charger le président, au moment où il rend son ordonnance de renvoi, d'assurer au demandeur le bénéfice de l'assistance judiciaire, que la loi lui accorde de plein droit.

244. En dehors de l'hypothèse de l'art. 22, nous verrons qu'un procès peut être porté devant le tribunal sur l'application de la loi nouvelle, sans que l'ordonnance de renvoi du président se présente comme le premier acte de la procédure; par exemple, en matière de revision et dans le cas où il n'aurait point été fait d'enquête préliminaire. Dans ces cas, comment la demande d'assistance judiciaire devra-t-elle être introduite? Il est certain qu'elle est accordée de plein droit, à la condition qu'il s'agisse de l'application de la loi de 1898, mais encore faudra-t-il qu'on examine cette question. Nous croyons que l'on

pourra procéder par analogie, ainsi qu'il est suivi devant le bureau de l'assistance judiciaire de la Cour.

D'après l'art. 9 de la loi de 1851, celui qui a été admis à l'assistance judiciaire devant une première juridiction, continue à en jouir sur l'appel interjeté « contre lui, dans le cas même où il se rendrait inci- « demment appelant ».

Nous nous trouvons en présence d'un plaideur qui a de plein droit l'assistance judiciaire; il doit cependant saisir le procureur général de sa demande; cette demande est transmise au secrétariat du bureau de l'assistance près la Cour, et les formalités sont remplies sans qu'il intervienne une décision du bureau lui-même.

Pour suivre la même procédure devant le tribunal, la demande sera portée devant le procureur de la République, qui statuera et remplira les formalités relatives aux désignations d'office, sans que le bureau ait à intervenir.

En cas de refus de l'assistance judiciaire par le procureur de la République, nous ne voyons d'autres ressources pour le demandeur que le droit de deman- der l'assistance judiciaire en se conformant à la loi de 1851, pour intenter ensuite une demande con- forme aux règles du droit commun.

245. Lorsqu'il s'agit d'une demande devant le juge de paix, d'après l'art. 22, qui n'exige le visa du procureur de la République que pour les instances devant le tribunal, on peut admettre que le juge de paix devra directement inviter le syndic des huissiers à désigner l'huissier chargé de prêter gratuitement son ministère à l'assisté.

246. Enfin, nous remarquerons, au sujet de cet article, que par une disposition contraire à la loi du 22 janvier 1851 sur l'assistance judiciaire, celle-ci est accordée pour tous les actes d'exécution mobilière et immobilière.

247. Devant la Cour, l'assistance judiciaire n'est point accordée de plein droit par la loi nouvelle, mais aux termes mêmes de la loi sur l'assistance judiciaire elle est accordée de droit devant la Cour à la partie qui, ayant gagné son procès devant le juge de premier degré, défend, comme intimé, à l'appel de son adversaire.

Au contraire, pour interjeter appel après la perte du procès, le demandeur devra saisir le bureau de la Cour, qui accordera ou refusera l'assistance judiciaire.

Procédure devant le juge de paix.

248. ART. 15. — *Les contestations entre les victimes d'accidents et les chefs d'entreprise, relatives aux frais funéraires, aux frais de maladie ou aux indemnités temporaires, sont jugées en dernier ressort par le juge de paix du canton où l'accident s'est produit, à quelque chiffre que la demande puisse s'élever.*

Compétence du juge de paix pour les indemnités temporaires.

L'accident, qui n'a occasionné qu'une incapacité temporaire et qui a été déclaré au maire de la commune, n'a été suivi d'aucune enquête par le juge de paix. La victime, créancière d'une indemnité pour frais de maladie et pour indemnité journalière, représentant la moitié de son salaire au moment de l'accident, peut, en dehors de toute intervention d'un magistrat, transiger avec le chef d'entreprise sur le chiffre de son indemnité.

249. Lorsqu'elle n'obtient pas satisfaction à l'amiable, elle doit porter sa réclamation devant le juge de paix du canton où s'est produit l'accident, quel que soit d'ailleurs le chiffre de sa réclamation.

Il y a là une triple dérogation au droit commun d'après lequel le juge de paix saisi devrait être celui du domicile du défendeur; le juge de paix ne serait compétent que pour une demande inférieure à 200 francs, enfin il juge en dernier ressort, quel que soit le montant de la demande.

Sauf ces dérogations, l'affaire devra être engagée et suivie dans la forme ordinaire.

Procédure devant le tribunal.

Cas où l'incapacité ayant pris le caractère d'une incapacité permanente, il n'a pas été procédé à l'enquête préliminaire par le juge de paix.

250. L'accident ayant occasionné la mort, ou une incapacité permanente, l'indemnité, sauf le cas où elle ne devrait comprendre que les frais funéraires (art. 15), doit consister en une rente. Nous avons vu que le quantum de cette rente peut être fixé par l'accord des parties devant le président du tribunal.

Nous avons fait, sous l'art. 12 (n° 218), allusion à la difficulté qui se présenterait dans le cas où, le certificat médical produit ne concluant qu'à une incapacité temporaire, le juge de paix ne serait pas saisi de la déclaration et ne procéderait pas à son enquête. Le caractère permanent de l'incapacité de travail se trouvant établi quelques semaines ou même quelques mois après l'accident, comment les parties pourront-elles régler leur situation ?

Il nous semble d'abord incontestable qu'elles ne pourront fixer à l'amiable le quantum de la rente, ce serait contraire à l'art. 16 qui exige l'intervention du président du tribunal dans l'intérêt de la victime.

Peuvent-elles alors s'adresser directement au président du tribunal pour comparaître devant lui? Nous ne le pensons pas, car l'intervention de ce magistrat ne s'explique, que si sa religion est éclairée par la connaissance du dossier de l'enquête préliminaire.

Il faudra faire une nouvelle déclaration, accompagnée d'un nouveau certificat médical concluant à l'incapacité permanente, et le juge de paix devra procéder à l'enquête dans les conditions prescrites par les art. 12 et 13 de la loi.

On se trouvera ensuite dans la même situation que celle indiquée par nous sous le n° 236.

L'accord pourra se produire, et il n'y aura pas de procès.

251. ART. 16, 3ᵉ al. — « *Si l'accord n'a pas lieu, l'affaire est renvoyée devant le tribunal, qui statue comme en matière sommaire, conformément au titre XXIV du livre II du Code de procédure civile.* »

Des cas dans lesquels le désaccord des parties peut donner naissance à un procès.

D'après la loi nouvelle, le chef de l'entreprise est responsable, l'indemnité est établie sous la forme d'une rente, et le quantum de cette rente est déterminé par un calcul à faire sur des bases indiquées par la loi.

On peut se demander sur quoi, dans ces conditions, peut porter le désaccord incoercible des parties.

1° Le défendeur et le demandeur peuvent soutenir que la loi ne leur est pas applicable à cause de leur personne. — Le défendeur soutient qu'il n'est pas chef d'entreprise, le demandeur conteste sa qualité d'ouvrier ou d'employé ; l'une ou l'autre des parties, ne voulant se prévaloir que des règles du droit commun, soutient que son industrie n'est pas visée par l'art. 1ᵉʳ de la loi.

2° On peut soutenir que la loi n'est pas applicable en raison des circonstances de fait, l'accident ne s'étant pas produit par le travail ou à l'occasion du travail.

3° Les parties reconnaissant que la loi s'applique à leurs personnes et aux faits de la cause, le patron peut soutenir que l'accident est dû à un fait volontaire de la victime, ou chacune des parties peut invoquer, à la charge de l'autre, l'existence d'une faute inexcusable ;

4° Le désaccord peut porter sur la nature de l'incapacité, absolue ou partielle ;

5° La responsabilité étant admise, aucune faute n'étant alléguée, la gravité de l'incapacité étant déterminée, les parties peuvent être en désaccord sur l'évaluation des salaires ou, ce qui peut-être se présentera le plus souvent, sur l'importance de la réduction que l'incapacité partielle fera subir au salaire.

252. Nous craignons qu'en dépit de dispositions conciliantes du patron et de la victime, l'intervention d'une décision de justice ne soit souvent nécessaire. Renvoi des parties devant le tribunal.

253. Notre alinéa 3 de l'art. 16 dit que, si l'accord n'a pas lieu, l'affaire est renvoyée devant le tribunal.

Il aurait été plus exact de dire que le président, après avoir constaté l'impossibilité pour les parties de se mettre d'accord, devrait renvoyer le demandeur à se pourvoir devant le tribunal.

C'est, en effet, après cette tentative infructueuse de conciliation que le procès va prendre naissance.

Le tribunal saisi est celui de l'arrondissement dans lequel l'accident s'est produit. Il est fait par la loi attribution de compétence à ce tribunal, à l'exclusion du tribunal du domicile du défendeur. Ce que nous avons dit (n° 230) au sujet de la procédure préliminaire, trouve ici une nouvelle application.

La loi s'applique aux entreprises de transport, l'accident, qui donne naissance au procès, a pu se produire à une grande distance du domicile du défendeur et de celui du demandeur; il en résultera peut-être une certaine gêne à la fois pour l'un et pour l'autre.

254. Comment la procédure doit-elle s'engager? Procédure à fin de jugement.

La loi dit que le tribunal statuera comme en matière sommaire, conformément au titre XXIV du livre II du Code de procédure civile.

Elle fait appel aux règles du droit commun, sauf en ce sens que l'affaire sera considérée comme sommaire, malgré l'importance du chiffre du litige.

On peut se demander s'il y aurait lieu de procéder à une tentative de conciliation devant le juge de paix.

D'après l'art. 49, § 2, C. P. C., les affaires qui requièrent célérité sont affranchies de ce préliminaire. Aux yeux de la loi de 1898, les instances dont nous nous occupons sont de celles qui requièrent célérité, et, à ce premier point de vue, on pourrait se dispenser de cette mesure.

Mais, en outre, la loi organise un préliminaire de conciliation devant le président du tribunal, devant lequel les parties se sont présentées, et n'ont pu se mettre d'accord; il apparaît donc de toute évidence qu'il serait inutile de procéder aux mêmes fins devant le juge de paix.

Enfin le texte de la loi, qui renvoie directement les parties devant le tribunal, confirme cette interprétation.

Jugements avant faire droit ordonnant une expertise ou une enquête.

255. Le tribunal aura sous les yeux l'enquête faite par le juge de paix, les rapports médicaux, les expertises ou rapports des agents administratifs; il pourra

cependant déclarer qu'il y a lieu à une nouvelle enquête, et, dans ce cas, quel que soit le chiffre de la
demande, l'enquête se fera à l'audience, conformément à l'art. 407 du Code de procédure civile.

Pour les affaires susceptibles d'appel, il sera dressé
un procès-verbal de cette enquête, conformément à
l'art. 411 du même code.

Aucun délai n'est imparti au tribunal pour la solution à intervenir.

256. ART. 16, 4ᵉ al. — *Si la cause n'est pas en état,
le tribunal sursoit à statuer, et l'indemnité temporaire
continuera à être servie jusqu'à la décision définitive.*

Nous avons indiqué sous l'art. 3 (nᵒˢ 146, 169,
172) la portée considérable de cette règle.

Nous ne voulons y revenir que pour établir par un
nouvel exemple comment, grâce à cette disposition,
par une étrange anomalie en contradiction avec le
but même de la loi, et avec ce qui se passe d'ordinaire, le demandeur aura le plus grand intérêt à éter-
niser le débat.

257. L'indemnité temporaire est égale au demi-
salaire touché par l'ouvrier. L'incapacité partielle permanente n'entraînant qu'une perte de 25, 50 ou 60
pour 100 du salaire, après règlement, il ne touchera
que 12, 50, 25 ou 30 pour 100 de ce salaire, puisque
la loi met la moitié de la perte à sa charge.

Supposons qu'un ouvrier gagnant 6 francs par jour dans une scierie mécanique ait un doigt de la main coupé par sa machine. Son indemnité journalière sera de 3 francs par jour, c'est-à-dire 3 fr. × 365, soit 1,095 francs.

En admettant que la perte d'un doigt lui fasse perdre 50 pour 100 de son salaire, ce qui est exagéré, il faut établir le compte de la façon suivante : il gagnait 6 francs par jour, c'est-à-dire 6 fr. × 300 journées utiles de l'année, soit 1,800 francs par an; la perte étant de 50 pour 100, il ne gagne plus que 900. Il faut mettre la moitié de la perte à la charge du chef de l'entreprise; celui-ci devra donc une rente de 450 fr., c'est-à-dire 1 franc 27 à 28 centimes par jour, au lieu de 3 francs.

258. Nous devons faire remarquer que si le patron soutient qu'on se trouve en présence d'un accident dû à un fait volontaire, la victime, qui (art. 20) n'aurait droit à aucune indemnité, ne peut demander, jusqu'à la fin du procès, l'allocation d'une indemnité temporaire.

Provision accordée par le tribunal.

259. ART. 16, dernier al. — *Le tribunal pourra condamner le chef d'entreprise à payer une provision, sa décision sur ce point sera exécutoire nonobstant appel.*

Il est constant en droit et en jurisprudence que le tribunal peut allouer une provision au demandeur en dommages-intérêts quand le principe même de la responsabilité n'est pas contesté et que le procès porte exclusivement sur le quantum de l'indemnité.

La disposition du dernier alinéa de notre art. 16 ne peut faire échec à cette règle ordinaire. Elle ne trouve d'ailleurs son application que dans le cas où la demande est introduite par une autre personne que la victime elle-même.

Celle-ci, en effet, touchant son indemnité journalière, n'a pas besoin d'une provision. Dans un accident suivi de mort, le représentant demande une rente à titre d'indemnité, on n'est pas d'accord sur le chiffre de la rente, et, dans ce cas, il peut y avoir droit à provision; mais, comme le chiffre de la rente est déterminé par l'importance du salaire antérieur à l'accident, il n'y aura que bien rarement une contestation sérieuse, car il est relativement facile de déterminer ce salaire.

260. ART. 17. — *Les jugements rendus en vertu de la présente loi sont susceptibles d'appel selon les règles du droit commun.* Droit d'appel.

Le droit de faire appel s'applique non seulement au jugement sur le fond, mais encore au jugement avant faire droit, qui aurait ordonné une enquête ou une expertise.

La loi déroge au droit commun en ce qui concerne

les délais d'appel et le point de départ de ces délais.

Règles spéciales
à la procédure
d'appel. 261. ART. 17, 1ᵉʳ al. *in fine.* — *Toutefois, l'appel devra être interjeté dans les quinze jours de la date du jugement s'il est contradictoire, et, s'il est par défaut, dans la quinzaine à partir du jour oú l'opposition ne sera plus recevable.*

2ᵉ al. *L'opposition ne sera plus recevable, en cas de jugement par défaut contre partie, lorsque le jugement aura été signifié à personne, passé le délai de quinze jours à partir de cette signification.*

Il ne rentre pas dans le cadre de ce travail de rechercher, par une comparaison avec les règles du droit commun, combien ces dispositions nouvelles dérogent aux règles admises; qu'il nous suffise de remarquer que le délai d'appel commence à courir non à dater de la signification du jugement contradictoire, mais à partir de la date du jugement, et le délai est de quinze jours. Cela pourra, dans la pratique, donner naissance à de grosses difficultés; le défendeur n'est pas assigné devant le tribunal de son arrondissement; il est nécessairement représenté par un avoué, et le jugement pourra être devenu définitif contre lui avant qu'il ait été avisé du prononcé de la sentence.

262. Il est nécessaire de donner quelques explications au sujet des jugements par défaut.

Le Code de procédure civile distingue le jugement par défaut faute de conclure et le jugement par défaut contre partie.

Dans le premier cas, le défendeur ayant constitué avoué et celui-ci n'ayant pas signifié de conclusions, il est rendu un jugement dit par défaut, et faute de conclure. Ce jugement est signifié à l'avoué constitué, et, aux termes de l'art. 157 C. P. C., l'opposition est recevable pendant huit jours à compter de cette signification.

Dans l'instance introduite par le demandeur en dommages-intérêts de la loi de 1898, en cas de jugement rendu par défaut faute de conclure contre le défendeur ayant constitué avoué, l'opposition sera recevable pendant huit jours après cette signification (art. 157 C. P. C.); aucune opposition n'ayant été pratiquée, la loi de 1898 ne donne qu'un délai d'une quinzaine après l'expiration de ce délai de huit jours, pour interjeter l'appel de la décision.

263. Le jugement rendu par défaut contre partie est celui rendu contre un défendeur qui ne s'est pas présenté et n'a pas constitué avoué.

Aux termes des art. 158 et 159. C. P. C., l'opposition est toujours recevable tant que le jugement n'a point été exécuté. L'art. 17, 2ᵉ alinéa, ajoute une disposition nouvelle analogue à celle qui a été admise dans la procédure de divorce. Non seulement l'exécution du jugement, mais encore l'expiration d'un délai de quinzaine après la signification à personne, rendront l'opposition non recevable.

Le demandeur en dommages-intérêts de la loi 1898, qui aura obtenu un jugement par défaut contre le défendeur non comparant, pourra : 1° exécuter le jugement en se conformant à l'art. 159 C. P. C., et, dans ce cas, le défendeur devra faire immédiatement opposition pour arrêter cette exécution. 2° Il pourra signifier son jugement à personne, c'est-à-dire que la signification devra être faite non pas au domicile et à un mandataire quelconque, mais réellement à la personne même du défendeur; celui-ci aura, à dater de la signification par lui reçue, un délai de quinze jours pour former opposition. A l'expiration de ce délai de quinze jours, et s'il n'a point fait opposition, il aura un nouveau délai de quinze jours pour interjeter appel.

264. En matière de divorce, la loi, prévoyant l'impossibilité d'une signification à personne, organise une signification suivie d'une publicité particulière, le défendeur ayant un délai de huit mois pour faire opposition.

La loi de 1898 n'organise rien de semblable,

et l'opposition à un jugement par défaut contre partie sera toujours recevable tant que le jugement n'aura point été exécuté ou que la signification à personne n'aura point été faite.

ART. 17, 3ᵉ al. — *La Cour statuera d'urgence dans le mois de l'acte d'appel. Les parties pourront se pourvoir en cassation.*

Ce dernier paragraphe de l'art. 17 impartit à la Cour un délai d'un mois pour statuer. Nous n'insisterons pas sur le caractère tout à fait exceptionnel de cette disposition.

265. Les règles que nous venons d'exposer ont eu pour résultat de donner à la victime d'un accident un jugement de justice de paix, ou un jugement de tribunal, ou un arrêt de cour prononçant condamnation à son profit. Le demandeur devra poursuivre, conformément au droit commun, l'exécution de la sentence rendue à son profit.

Nous examinerons dans le chapitre suivant les garanties spéciales que la loi organise pour assurer au créancier de l'indemnité le payement de ce qui lui est dû.

Prescription.

266. Nous aurons terminé les règles de la procédure, quand nous aurons examiné la règle générale

Les actions prévues par la présente loi

de prescription annale de l'art. 18, et recherché ensuite quelle est, dans le silence de la loi, la procédure à suivre pour mettre en œuvre le droit de revision prévu par l'art. 19.

ART. 18. — *L'action en indemnité prévue par la présente loi se prescrit par un an à dater du jour de l'accident.*

Cette prescription s'applique aux actions introduites par la victime elle-même ou par ses ayants droit.

Si le chef d'entreprise, pendant un an à compter du jour de l'accident, n'est l'objet d'aucune réclamation, il pourra opposer la déchéance résultant de cet article à toute demande d'indemnité qui viendrait à se produire par la suite.

L'enquête à laquelle il aurait été procédé par le juge de paix et la convocation des parties par le président du tribunal, ne peuvent être considérées comme une cause interruptive de cette prescription ; cette enquête et cette convocation, faites en dehors de l'intervention de la victime elle-même, ne doivent point être considérées comme une mise en demeure, faite par elle, d'avoir à lui payer une indemnité quelconque. On peut même affirmer que le fait de ne rien réclamer, malgré cette enquête et cette convocation, établit contre elle une présomption d'abandon de toute idée de réclamer quelque chose.

267. Le cas peut se présenter où, la victime ayant réclamé à l'amiable une indemnité, les parties ont arrêté le chiffre de cette indemnité et n'ont pas répondu aux convocations du juge de paix et à celles du président du tribunal. Cet accord, sanctionné par une convention écrite, aura-t-il pour résultat d'interrompre la prescription? Nous ne le pensons pas, parce que la loi exige qu'une action ait été commencée par la victime, pour obtenir, à son profit, l'application de la loi nouvelle. Les conséquences seront dures pour la victime. Elle ne pourra invoquer le droit commun, auquel le chef d'entreprise n'est pas soumis, ni invoquer la loi de 1898, parce que son action est prescrite ; enfin, elle ne pourra invoquer la convention, qui est nulle comme contraire à la loi. Il faut remarquer que cette victime n'aura à s'en prendre qu'à elle-même, pour n'avoir pas déféré aux convocations qui lui ont été faites.

La prescription est opposable même en cas de règlement à l'amiable intervenu irrégulièrement entre les parties.

268. On pourrait se demander si, pour adoucir ce que cette solution aurait de trop sévère, la victime ne pourrait point agir utilement contre le chef d'entreprise qui n'aurait pas fait de déclaration et aurait dissimulé l'accident.

Dans ce cas, en effet, le patron, par une faute qui

luiets imputable et qui est même sanctionnée pénalement par la loi, a privé la victime de l'accident de la double garantie résultant, pour elle, de l'intervention du juge de paix et du président du tribunal.

On est forcé de ne point accepter cette nouvelle solution ; la loi, qui impose aux patrons l'obligation de faire la déclaration, laisse à la victime la faculté de faire elle-même cette déclaration (art. 11). La sanction du défaut de déclaration est, à l'encontre du patron, une condamnation pénale, et on donnerait à cette obligation une portée que la loi n'a pas prévue. Le chef d'entreprise ne peut être tenu de faire en faveur de la victime les diligences nécessaires pour lui assurer son indemnité.

269. Il n'en serait pas de même dans le cas suivant :

La victime de l'accident a demandé une indemnité, sans recourir à une mise en demeure contre le chef d'entreprise ; les parties se sont mises d'accord devant le président du tribunal ; une ordonnance constatant cet accord a été rendue ; la victime s'abstient ensuite pendant plus d'un an de demander le versement de l'indemnité, fixée par cet accord ; nous pensons, dans ce cas, qu'une réclamation ultérieure ne pourrait être écartée que par la déchéance résultant de la prescription de trente années, sauf en ce qui concerne les arrérages de la rente, conformément aux dispositions de l'art. 2277 C. C.

La victime de l'accident est en effet devenue créancière en vertu du contrat judiciaire intervenu devant le juge, et elle n'exerce plus une action qui aurait pour base l'application de la loi de 1898.

270. Aux termes de l'art. 2252 C. C., la prescription ne court pas contre les mineurs et les interdits.

La prescription annale est opposable aux mineurs et aux interdits.

Cette règle doit-elle s'appliquer à l'action en indemnité accordée au mineur de seize ans ou à l'interdit représentant de la victime ?

Il ne semble pas que les auteurs de la loi se soient préoccupés de cette question ; nous pensons que l'art. 2252 ne devra pas s'appliquer.

Si on s'en rapporte aux travaux préparatoires et à la discussion relative à l'art. 18, on voit que le législateur veut que le chef d'entreprise soit, dans un délai très court, à l'abri d'une réclamation née à l'occasion d'un accident du travail. L'action, que l'incapable voudrait exercer, est une action qui lui a été donnée par la loi elle-même ; or, cette loi décide que toutes les actions ainsi créées par elle sont prescrites par un an. En invoquant l'art. 2252 C. C., le mineur se mettrait en contradiction avec la volonté de la loi et augmenterait l'étendue du droit, que la loi spéciale lui confère.

Procédure de revision.

Procédure
en cas
de revision.

271. Nous avons étudié (n° 203) le droit de revision établi par l'art. 19 de la loi, mais il nous reste à indiquer comment la victime, qui demande une majoration de la rente, ou le patron, qui en réclame la réduction, doivent introduire leur demande.

La loi ne contient, à cet égard, aucune indication.

On est fondé à en conclure qu'il y a lieu de recourir aux règles du droit commun. Cependant on pourrait se demander si les parties ne devraient pas employer la procédure spéciale qui a servi à déterminer le montant de la rente. Il faudrait alors saisir le juge de paix qui, après instruction faite dans les termes des art. 12 et 13, renverrait devant le président pour être suivi comme à l'origine de la demande. Cette manière de procéder, conforme aux idées qui ont inspiré le législateur, nous paraît devoir être adoptée.

Nous pensons également, en nous appuyant sur les termes généraux de l'art. 22, 1er al., que la victime de l'accident devra, pour cette action, obtenir de plein droit le bénéfice de l'assistance judiciaire, soit qu'elle figure au procès comme demanderesse, soit qu'elle soit assignée par le chef de l'entreprise.

272. Il nous paraît indispensable de recourir à ces formalités, car la victime de l'accident ne pourrait, sans l'intervention du juge, consentir valablement une réduction qui apparaîtrait comme une aliénation partielle de sa rente, qui est incessible. De plus, en cas de majoration, il lui faut un titre régulier pour qu'elle puisse, le cas échéant, se prévaloir des garanties particulières qui lui sont données par la loi.

Frais.

273. Toutes ces procédures que le législateur a, sans doute, imaginées plus simples qu'elles ne le deviendront dans la pratique, entraîneront des frais, parfois importants. Il y aura d'abord les frais exposés devant le juge de paix, dans les instances relatives aux frais funéraires, frais de maladie et incapacité temporaire. Ces frais devront rester à la charge de la partie qui succombera dans l'instance.

Il y aura, en second lieu, les frais de l'enquête préliminaire faite par le juge de paix, et ceux de l'instance judiciaire qui aura suivi. Aux termes de l'art. 13, les copies des pièces de l'enquête préliminaire sont affranchies du droit de timbre et d'enregistrement; l'art. 29 étend la même faveur à tous les actes de la procédure.

274. ART. 29. — *Les procès-verbaux, certificats, actes de notoriété, significations, jugements et autres actes faits ou rendus en vertu et pour l'exécution de la présente loi, sont délivrés gratuitement, visés pour timbre et enregistrés gratis lorsqu'il y a lieu à la formalité de l'enregistrement.*

Le même article prévoit une autre source de frais, dus non point à l'État et comme impôt, mais comme émoluments attribués aux greffiers de juge de paix.

Dans les six mois de la promulgation de la présente loi, un décret déterminera les émoluments des greffiers de justice de paix pour leur assistance et la rédaction des actes de notoriété, procès-verbaux, certificats, significations, jugements, envois de lettres recommandées, extraits, dépôts de la minute d'enquête au greffe, et pour tous les actes nécessités par l'application de la présente loi, ainsi que les frais de transport auprès des victimes et d'enquête sur place.

Ce décret a été promulgué le 5 mars 1899, et on en retrouvera le texte aux pièces annexées.

Il faudrait ajouter encore aux émoluments du greffier les frais d'expertise, au cas où le juge de paix aurait eu recours à ce mode d'instruction. La loi ne dit rien du cas où les témoins, convoqués par le juge de paix, demanderaient à être taxés par application de l'art 277 C. P. C. ; on peut se demander par qui ces frais devront être avancés et à la charge de quelles personnes ils pourront être mis.

275. Cette enquête a dû être faite par le juge de paix saisi de la déclaration, alors même que les parties, convoquées par lui, auraient déclaré être d'accord; l'enquête doit, en effet, légalement porter sur les différents ordres de faits énumérés dans l'art. 12.

On peut se demander à la charge de qui les frais de cette enquête préliminaire pourront être mis, dans le cas où la comparution des parties devant le président du tribunal serait suivie d'une ordonnance constatant leur accord.

276. En matière d'assistance judiciaire, la loi du 22 janvier 1851 dispose que l'avance des frais sera faite par le Trésor. La loi de 1898 ne dit rien. Il semble qu'on puisse considérer que les frais de cette enquête, organisée par la loi dans l'intérêt du demandeur et pour lui éviter, dans la mesure du possible, la nécessité de recourir à des enquêtes judiciaires, pourraient être considérés comme faisant partie de la procédure de ce demandeur lui-même.

La loi lui accorde l'assistance judiciaire de plein droit, et le greffier de la justice de paix pourrait en poursuivre le recouvrement conformément aux règles de l'assistance judiciaire.

Cette solution, que nous proposons dans le silence absolu de la loi, nous paraît cependant conforme à son esprit.

277. Lorsque l'enquête préliminaire est suivie d'un procès entre la victime et le patron, il faut admettre sans difficulté que les frais de cette enquête s'ajouteront aux frais de l'instance ultérieure, pour être supportés par celle des parties qui, en définitive, sera condamnée à en payer le montant.

CHAPITRE V

DES GARANTIES.

278. La loi de 1898 se préoccupe, à juste titre, d'assurer à la victime d'un accident le payement de l'indemnité à laquelle elle a droit. Aussi a-t-elle organisé tout un système de garanties en sa faveur.

Ces garanties diffèrent selon la nature des créances.

279. 1° La créance de la victime ou de ses ayants droit a pour origine les frais médicaux, pharmaceutiques et funéraires ou l'incapacité temporaire de travail. Le créancier a sur les meubles du débiteur un privilège général qui lui assurera le recouvrement de la condamnation. De plus, le législateur utilise, pour l'application de la loi nouvelle, l'existence des sociétés de secours mutuels et de la caisse de secours organisée pour les entreprises de mines, et

La loi organise des garanties différentes selon la nature de l'indemnité.

qui, à l'avenir, pourront être organisées dans toutes les entreprises visées par la loi de 1898.

280. 2° La créance a pour origine l'incapacité permanente de la victime, ou sa mort. Pour garantir le payement de ces indemnités, la loi, prévoyant le cas d'assurance du patron, organise ces assurances d'une façon toute spéciale qui rend certaine la solvabilité de la compagnie débitrice.

A côté des Compagnies d'assurances, elle prévoit la création de syndicats de garantie, qui substitueront à la solvabilité personnelle du chef de l'entreprise celle de ces associations.

Enfin la loi crée, tout à fait en dehors du droit commun, en faveur des créanciers d'indemnités dues en cas de mort ou d'incapacité permanente, une caisse de garantie qui, aux dépens de l'impôt, assure dans tous les cas le payement de l'indemnité. Grâce à cette innovation, l'impôt assurera le payement de la dette d'un particulier au profit d'un autre particulier.

1re SECTION § 1er. — Privilège.

L'indemnité pour frais médicaux, etc

281. ART. 23. — *La créance de la victime de l'accident ou de ses ayants droit relative aux frais médicaux, phar-*

maceutiques et funéraires, ainsi qu'aux indemnités allouées à la suite de l'incapacité temporaire de travail, est garantie par le privilège de l'art. 2101 du Code civil et y sera inscrite sous le n° 6.

Le payement des indemnités pour incapacité permanente de travail ou accidents suivis de mort, est garanti conformément aux dispositions des articles suivants.

L'art 2101 du Code civil établit, en faveur de certaines créances, un privilège sur la généralité des meubles appartenant au débiteur. Le caractère alimentaire de l'indemnité dont nous nous occupons devait lui assurer le bénéfice de ce privilège ; mais comme en ces matières tout est de droit étroit, la loi a eu raison de prendre, à cet égard, une disposition formelle.

282. De la combinaison de cet art. 23 et de l'art. 2101 du Code civil il résulte que le pharmacien qui aura fourni des remèdes à la victime elle-méme et, sur sa demande, le médecin qui l'aura soignée, alors qu'il n'était pas désigné par le chef de l'entreprise, auront contre leur client le privilège de l'art. 2101.

La victime aura le méme privilège contre le chef d'entreprise, mais pour les frais médicaux et pharmaceutiques dans les limites de l'art. 4, c'est-à-dire jusqu'à concurrence de la somme fixée par le juge de paix, conformément aux tarifs adoptés dans chaque département pour l'assistance médicale gratuite ; enfin, pour les frais funéraires, le privilège ne pourra s'appliquer qu'à une créance de 100 francs au maximum.

Les créances de la loi de 1898 ne sont pas garanties par l'hypothèque judiciaire.

283. En droit commun, et en vertu de l'art. 2117 du Code civil, le créancier en vertu d'un jugement a, sur les biens immobiliers de son débiteur, une hypothèque qui (2123) porte sur les immeubles actuels du débiteur et sur ceux qu'il pourra acquérir. Contrairement à cette règle, la victime d'un accident, qui aura obtenu condamnation contre le chef d'entreprise, n'aura pas d'hypothèque judiciaire sur les immeubles de ce dernier.

Cela résulte implicitement du 4ᵉ alinéa de l'art. 26, qui décide que les décisions judiciaires emporteront hypothèque dans un seul cas : celui du recours de la Caisse des retraites contre les chefs d'entreprise ou compagnies d'assurances.

Cet alinéa est d'ailleurs conçu dans les termes suivants :

Les décisions judiciaires n'emporteront hypothèque que si elles sont rendues au profit de la Caisse des retraites exerçant son recours contre les chefs d'entreprise ou les Compagnies d'assurances.

Cet article 26 s'occupe du payement des indemnités, constituées sous forme de rente, et nous verrons bientôt comment la Caisse nationale des retraites peut se trouver appelée à exercer un recours contre le chef d'entreprise (n° 326). On pourrait se demander si la créance, résultant d'un jugement de justice de paix (compétent quand il ne s'agit pas d'une rente), ne retombe pas sous le droit commun et ne profite pas de l'hypothèque judiciaire. Nous ne le pensons pas, car l'art. 26 se sert des expressions générales : « les décisions judiciaires ». Dans la pratique, l'existence du privilège général sur les meubles diminue l'intérêt de la question, alors qu'il s'agira le plus souvent de créances peu importantes.

§ 2. — *Sociétés de secours mutuels et caisse de secours.*

284. ART. 5. — *Les chefs d'entreprise peuvent se décharger pendant les trente, soixante ou quatre-vingt-dix premiers jours, à partir de l'accident, de l'obligation de payer aux victimes les frais de maladie et l'indemnité temporaire, ou une partie seulement de cette indemnité, comme il est spécifié ci-après, s'ils justifient :*

1° Qu'ils ont affilié leurs ouvriers à des sociétés de secours mutuels et pris à leur charge une quote-part de la cotisation qui aura été déterminée d'un commun accord, et en se conformant aux statuts-types approuvés

Intervention
des
sociétés de
secours mutuels

par le ministre compétent, mais qui ne devra pas être inférieure au tiers de cette cotisation;

2° Que ces sociétés assurent à leurs membres, en cas de blessures, pendant trente, soixante ou quatre-vingt-dix jours, les soins médicaux et pharmaceutiques et une indemnité journalière.

Si l'indemnité journalière, servie par la société, est inférieure à la moitié du salaire quotidien de la victime, le chef d'entreprise est tenu de lui verser la différence.

Le législateur se préoccupe d'assurer à la victime le payement de son indemnité journalière. Il veut que cette indemnité soit toujours égale à la moitié du salaire ; mais elle peut être payée soit par le chef d'entreprise, soit par une société de secours mutuels. Les ressources de ces sociétés seront formées par des versements effectués à la fois par les ouvriers et le chef d'entreprise. La part imposée à ce dernier ne pourra pas être inférieure au tiers de la cotisation ; de plus, si l'indemnité accordée par la société est inférieure au demi-salaire de l'ouvrier, le patron devra prendre sur ses propres ressources pour parfaire la différence ; il devra, de même, si l'incapacité de travail subsiste, assurer le payement de l'indemnité au delà du temps pendant lequel la société pourrait être tenue.

Intervention   285. ART. 6. — *Les exploitants de mines, minières et carrières peuvent se décharger des frais et indemnités mentionnés à l'article précédent moyennant une subvention annuelle versée aux caisses ou sociétés de secours constituées dans ces entreprises en vertu de la loi du 29 juin 1894.*

Le montant et les conditions de cette subvention devront être acceptés par la société et approuvés par le ministre des travaux publics.

Ces deux dispositions seront applicables à tous autres chefs d'industrie qui auront créé en faveur de leurs ouvriers des caisses particulières de secours, en conformité du titre III de la loi du 29 juin 1894. L'approbation prévue ci-dessus sera, en ce qui les concerne, donnée par le ministre du commerce et de l'industrie.

La loi du 29 juin 1894 a organisé des caisses de secours et de retraites en faveur des ouvriers mineurs. L'art. 31 de cette loi permettait d'en faire l'application aux minières et carrières souterraines ou à ciel ouvert. La loi de 1898 étend l'application de la loi de 1894 à toutes les industries visées dans son art. 1.

L'art 6 de la loi du 29 juin 1894 établit comment sera alimentée la caisse de chaque société de secours :

1° Par un prélèvement d'un maximum de 2 pour 100 sur le salaire de chaque ouvrier;

2° Par un versement fait par l'exploitant, et nous dirons maintenant par le chef d'entreprise, de sommes égales à celles versées par l'ouvrier; les n°ˢ 3, 4 et 5 indiquent d'autres ressources.

D'après l'art. 6 de la loi de 1898, en plus de ces ressources établies par la loi de 1894, figurera une subvention annuelle versée par le chef d'entreprise et dont le quantum devra être déterminé entre la société et le patron, sous l'approbation du ministre des travaux publics pour les exploitants de mines, minières et carrières, et sous l'approbation du ministre du commerce et de l'industrie pour tous les autres chefs d'entreprise.

286. Ce que nous avons dit sous l'art. 5 s'applique également au sujet de l'art. 6, c'est-à-dire que le patron devra toujours, en cas d'insuffisance, assurer le payement intégral du demi-salaire, et cela pour tout le temps de l'incapacité temporaire.

287. Il faut remarquer que, dans les cas des art. 5 et 6, la loi impose à l'ouvrier le payement d'une quote-part de la cotisation; mais pour son affiliation à la société de secours mutuels (art. 5) ou à la caisse de secours (art. 6), l'ouvrier trouve des avantages plus considérables que ceux accordés par la loi de 1898; notamment, il aura droit à une indemnité en cas de maladie, et, selon les statuts de l'association

Intérêt des parties a faire intervenir les Sociétés et Caisses de secours mutuels.

ou caisse de secours, à une indemnité pour les incapacités de travail d'une durée inférieure à quatre jours.

288. Les chefs d'entreprise auront à supporter, indépendamment de la quote-part qu'ils payaient auparavant, une surprime pour être garantis contre le risque nouveau. Nous pensons qu'ils auront avantage à user du moyen donné par les art. 5 et 6, pour se soustraire à la responsabilité de la loi.

L'indemnité pour incapacité temporaire se trouvera payée par la caisse de secours mutuels. Les adhérents auront donc toujours avantage à ce que le payement de l'indemnité ne soit pas prolongé au delà de la durée réelle de l'incapacité de travail, et le patron se trouvera bénéficier de la surveillance légitime exercée par les associés les uns vis-à-vis des autres.

289. Les ouvriers ont également intérét à ce que le patron s'assure contre le risque des indemnités temporaires par un versement à la caisse de secours mutuels, plutôt que de s'adresser à une compagnie d'assurances.

En supposant que la prime, payée par le patron, ait été fixée à 3.000 francs pour une année pendant laquelle aucun accident ne se sera produit, les 3,000 francs payés à une compagnie d'assurances, perdus pour le patron, seraient également perdus pour ses ouvriers. Au contraire, le payement de la prime à la société de secours mutuels enrichira la société, dont l'ouvrier fait partie.

290. La loi prévoit un maximum d'incapacité temporaire de travail de quatre-vingt-dix jours; lorsque les statuts de la société de secours mutuels ne donnent pas d'indemnité pour une période plus longue, le patron devra supporter la charge résultant de la prolongation de l'incapacité temporaire.

Au delà de quatre-vingt-dix jours, le patron reste seul débiteur de l'indemnité journalière.

291. De même, lorsque l'incapacité de travail dépasse quatre-vingt-dix jours, nous pensons que le patron devra, pour la période postérieure à ces quatre-vingt-dix jours, supporter seul le montant de l'indemnité, alors même que les statuts de la société de secours mutuels assureraient, pour plus de quatre-vingt-dix jours, le payement de l'indemnité temporaire. L'indemnité forfaitaire, due à la victime, est, en principe, à la charge exclusive du chef de l'entreprise. L'art. 5 lui permet de se décharger de cette obligation pendant les trente, soixante, quatre-vingt-dix premiers jours; au delà, il retombe sous l'application des art. 1 et 3 de la loi.

Droit du patron de s'assurer pour l'incapacité temporaire.

292. La loi ne s'est pas préoccupée du droit pour le patron de s'assurer contre les risques de cette nature. Nous verrons que, pour l'incapacité perma-

nente, la loi organise tout un système d'assurances, qui permet au patron de substituer la personnalité de l'assureur à sa propre personnalité. L'art. 23 oppose les garanties en cas d'incapacité temporaire aux garanties en cas d'incapacité permanente et de mort. Il en résulte que l'assurance, organisée pour ces dernières, ne s'applique pas à la garantie des autres. Sauf l'intervention des sociétés de secours mutuels et de la caisse de secours, le patron restera toujours personnellement débiteur des indemnités de la première catégorie. Il ne peut se substituer une compagnie d'assurances, mais il lui sera loisible de contracter avec telle compagnie, qu'il voudra choisir, une police qui le garantisse personnellement. Ce contrat, étranger aux ouvriers auxquels on ne pourrait imposer le payement de la plus minime partie de la prime, reste en dehors de l'application de la loi de 1898.

2ᵉ SECTION. — *Incapacités permanentes et mort.*

1° *Assurances.*

293. Les indemnités, dont nous allons nous occuper, sont constituées sous la forme d'une rente viagère ou temporaire.

294. Aux termes du droit commun, le créancier d'une rente viagère peut exiger la remise entre ses mains d'un titre, qui lui assure le payement de sa rente. En général, et sauf le cas où la solvabilité du débiteur présente des garanties certaines (par exemple, les compagnies de chemins de fer qui bénéficient de la garantie de l'État), le jugement, qui prononce une condamnation à une rente viagère, ordonne qu'il sera fait emploi de somme suffisante pour l'acquisition d'un titre de rente 3 pour 100 sur l'État français, titre qui sera immatriculé, pour la nue propriété sur la tête du débiteur de la rente et, pour l'usufruit, sur la tête du crédi-rentier. Si, par suite de conversion, le titre devenait insuffisant pour assurer le payement de la rente, le rentier pourrait demander que le titre fût reconstitué. Parfois aussi, les tribunaux ordonnent l'achat d'une rente viagère qui devra être servie par une compagnie d'assurance dont la solvabilité présente toute sécurité. Dans le cas où la compagnie ne ferait pas honneur à ses engagements, le crédi-rentier pourrait s'adresser au débi-rentier et lui demander de lui assurer le payement de sa rente. La loi nouvelle ne donne, au créancier de rente, que le droit d'exiger le payement des arrérages, et en principe, tant que les arrérages sont régulièrement payés, il ne peut demander autre chose.

On se préoccupe d'abord de mettre en face de la victime un débiteur solvable, qui puisse assurer le payement régulier de ses arrérages.

295. Le projet, voté le 10 juin 1893, par la Chambre des députés, dans son titre XI, organisait tout un système d'assurance, qui était obligatoirement imposé au chef de l'entreprise.

L'assurance n'est pas obligatoire, mais facultative, pour le chef d'entreprise.

Les lois allemande et autrichienne ont posé ce principe de l'assurance obligatoire; la loi de 1898 laisse au chef de l'entreprise la faculté de s'assurer.

Il nous semble qu'en effet, il était inutile de rendre l'assurance obligatoire. Le risque des accidents du travail est mis par la loi à la charge des chefs d'entreprise, comme le risque locatif est mis à la charge du locataire.

Les chefs d'entreprise se trouveront amenés, par leur propre intérêt et indépendamment de toute obligation légale, à s'assurer contre ce risque nouveau, de même que la presque généralité des locataires s'est actuellement assurée contre le risque locatif.

Pour un certain nombre de grandes entreprises représentant des capitaux considérables, il peut y avoir avantage à pouvoir devenir elles-mêmes leurs propres assureurs, et l'on n'aurait aucun avantage à leur imposer l'obligation de l'assurance.

296. La faculté, pour le chef d'entreprise, de s'as-

surer contre les risques établis à sa charge par la loi nouvelle, résulte implicitement des art. 24, 26 et 27 de la loi.

L'art. 24 prévoit le cas où l'indemnité ne serait pas payée « par les sociétés d'assurances à primes fixes ou mutuelles ».

L'art. 26, dans son deuxième alinéa, suppose « le cas d'assurance du chef d'entreprise ».

Enfin, l'art. 27 règle les conditions auxquelles seront soumises les compagnies d'assurances.

Organisation des compagnies auxquelles le chef d'entreprise devra s'assurer.

297. ART. 27. — *Les compagnies d'assurances mutuelles ou à primes fixes contre les accidents, françaises ou étrangères, sont soumises à la surveillance et au contrôle de l'État et astreintes à constituer des réserves ou cautionnements dans les conditions déterminées par un règlement d'administration publique.*

Le montant des réserves ou cautionnements sera affecté par privilège au payement des pensions et indemnités.

Les frais de toute nature résultant de la surveillance et du contrôle seront couverts au moyen de contributions proportionnelles au montant des réserves ou cautionnements et fixés annuellement, pour chaque compagnie ou association, par arrêté du ministre du commerce.

Le décret prévu par l'art. 27, paru le 28 février 1899, a été promulgué au *Journal officiel* du 1er mars suivant.

298. Le décret (art. 1) ne s'applique qu'aux sociétés déjà existantes ou aux sociétés nouvelles qui veulent assurer le risque nouveau, établi par la loi du 9 avril 1898.

On leur impose la constitution préalable d'un cautionnement, qui s'ajoute aux garanties exigées par les lois antérieures, cautionnement dont l'importance est déterminée tous les ans.

On leur impose également la constitution d'une réserve mathématique, dont le montant est arrêté chaque année par le ministre du commerce. Cette réserve mathématique, représentant le capital des rentes et indemnités à servir, est calculée d'après un barème minimun qui a été promulgué au *Journal officiel* du 8 avril 1899.

Le décret détermine le mode d'emploi des capitaux réservés; il organise tout un système de surveillance et de contrôle, confié au ministère du commerce.

Ces sociétés, qui doivent fournir tous les ans, au ministre du commerce, un compte rendu détaillé de leurs opérations, sont soumises à la surveillance permanente de commissaires contrôleurs nommés par le ministre. Il est, en outre, constitué auprès du ministre du commerce un comité consultatif des assurances contre les accidents du travail.

299. L'étude plus approfondie de cette réglemen-

Décret
réglementant
les compagnies
d'assurances.

tation intéresse surtout les compagnies d'assurances.

En ce qui concerne le patron, il lui suffit de savoir qu'il doit traiter avec une compagnie qui justifie de la régularité de sa situation vis-à-vis du ministère du commerce.

Les garanties exigées des compagnies d'assurances sont nécessaires parce que le patron assuré ne peut être tenu d'un recours.

300. Les exigences de l'État à l'égard de ces compagnies et la rigueur du régime de surveillance auquel elles sont soumises, s'expliquent dans la matière qui nous occupe et se légitiment par ce fait, que l'assureur va se trouver substitué au chef d'entreprise, complètement libéré par l'existence de son contrat d'assurance.

En droit commun, et pour prendre, par exemple, la situation du locataire responsable de l'incendie, en cas d'assurance de ce locataire, le propriétaire conserve toujours son action contre le locataire responsable. Le contrat d'assurance que celui-ci a passé donne au propriétaire une garantie nouvelle, mais ne libère pas l'assuré. Au contraire, d'après la loi de 1898, le chef d'entreprise qui aura contracté avec une compagnie d'assurance, constituée et fonctionnant conformément à la loi nouvelle, se trouvera exonéré d'une façon absolue de toute responsabilité. L'article 26 dispose, en effet, que le crédi-rentier qui n'est point payé par le chef d'entreprise ou par la compagnie d'assurances, doit demander son payement à la Caisse nationale des retraites, qui lui assure le payement des arrérages de sa rente. L'art. 26 ajoute que :

En cas d'assurance du chef d'entreprise, elle jouira, pour le remboursement de ses avances, du privilège de l'article 2102 du Code civil sur l'indemnité due par l'assureur, et n'aura plus de recours contre le chef d'entreprise.

Cette règle, absolument contraire au droit commun, ne présente aucun inconvénient pour le créancier de l'indemnité, puisqu'il est payé par la Caisse nationale des retraites; elle est, au contraire, extrêmement favorable au chef d'entreprise, qui aura ainsi le plus grand intérêt à s'assurer.

Si, par impossible, malgré les garanties imposées par la loi, la compagnie d'assurances devenait insolvable, ce serait, en définitive, la Caisse nationale de la vieillesse qui supporterait les conséquences de cette insolvabilité.

301. Au moment où la loi nouvelle va recevoir son application, une question des plus intéressantes, pour la pratique, se présente au sujet des contrats d'assurances accidents, souscrits avant la loi, et actuellement en cours.

Quelle sera la validité de ces contrats? Continueront-ils à lier les chefs d'entreprise qui les auront signés? ou, au contraire, seront-ils frappés de nullité par la loi de 1898?

Il est tout d'abord évident que cette loi n'intéresse

point les contrats intervenus entre les Compagnies et les particuliers, ou les chefs d'entreprise non visés par la nouvelle législation. Ces contrats seront donc maintenus dans leur intégrité et sans aucune modification.

Il en sera de même des polices souscrites par un chef d'entreprise soumis à la loi de 1898, si ces polices sont relatives à des accidents, dont seraient victimes des personnes autres que leurs ouvriers et employés.

Mais supposons maintenant le contrat d'assurance intervenu entre une compagnie et un chef d'entreprise visé par la loi, et relativement à des accidents dont seraient victimes ses ouvriers et employés.

Le contrat d'assurance se présente sous la forme de l'assurance dite collective et de l'assurance dite de responsabilité.

Par l'assurance collective, le patron, moyennant une prime élevée, assure à ses ouvriers, victimes d'un accident du travail et quelle que soit la cause de l'accident, une indemnité dont l'importance est fixée par la convention. Il est toujours stipulé que l'ouvrier ne pourra encaisser cette indemnité qu'à la charge de renoncer à toute autre réclamation contre le patron.

Dans l'assurance de responsabilité civile, moyennant une prime moins élevée, le patron s'assure contre les conséquences résultant pour lui des accidents pouvant engager sa responsabilité. L'art. 1382 C. C. est parfois invoqué d'une façon expresse ; parfois, au contraire, le contrat se borne à employer le mot de « responsabilité civile ».

Ces deux contrats qui assurent des risques différents entraînant l'application de primes établies sur des bases différentes, sont séparés et distincts, ou bien réunis en un seul et même contrat aboutissant au payement d'une prime unique, composée de chacune des deux primes afférentes à chacun des deux risques.

Certaines compagnies ne consentent l'assurance de responsabilité civile que comme complément d'une assurance collective.

302. Un jugement du tribunal civil de la Seine, rendu le 18 mai 1899 et publié dans le journal *le Droit* du 20 mai suivant, maintient la validité de ce double contrat.

Dans l'espèce soumise au tribunal le patron avait contracté : 1° une assurance collective ; 2° une assurance de responsabilité civile.

La thèse admise par le tribunal peut se résumer de la façon suivante : le patron a voulu, en s'assurant, se garantir contre la responsabilité résultant d'accidents dont ses ouvriers seraient victimes dans leur travail ; la loi de 1898, intervenue depuis le contrat, loin de faire disparaître cette responsabilité, l'a, au contraire, augmentée, de sorte que l'assurance ne garantira pas le patron d'une façon aussi complète qu'il pouvait l'être avant la loi nouvelle ; mais la seule conséquence qui puisse résulter de l'aggravation de cette responsabilité serait pour l'assureur le droit de demander la résiliation pour l'assuré insuffisamment garanti et demeuré son propre assureur d'après la responsabilité nouvelle, la nécessité de contracter une assurance supplémentaire.

Le patron, qui continuera à payer ses primes, obtiendra l'indemnité à laquelle son contrat lui donnait droit.

Nous ne croyons pas devoir nous incliner devant la décision du tribunal nous pensons, au contraire, que ces contrats doivent se trouver résiliés.

Un premier grief que l'on peut formuler contre le jugement du tribunal de la Seine est d'examiner les deux contrats comme n'en formant qu'un seul, garantissant un risque unique, alors qu'en réalité ces deux contrats garantissent deux risques absolument différents.

303. Dans l'assurance de responsabilité civile, au moment où les parties ont traité, le patron a voulu se garantir contre les conséquences qui résulteraient pour lui des règles alors existantes de responsabilité ; il ne pouvait y avoir lieu au payement d'une indem-

nité que dans le cas où une responsabilité résulterait d'une faute établie à la charge du patron. Cela est certain dans les polices où l'art. 1382 C. C. est expressément invoqué, et cela résulte de la nature même des choses, de la distinction faite entre les deux polices et de la différence du taux des primes, dans les cas où le contrat parle seulement de « responsabilité civile ».

Il est inexact de dire, comme le jugement, que la loi de 1898 se borne à préciser le risque que l'assurance avait pour objet de couvrir, « à faciliter l'exer-« cice de l'action que la victime doit exercer, en « la dispensant de toute preuve de faute contre le « patron ».

La loi de 1898 ne maintient pas la responsabilité patronale, elle crée une responsabilité nouvelle, supprime la responsabilité ancienne et ne se borne pas à faciliter par une action nouvelle le recouvrement d'une indemnité.

Cette connaissance de la responsabilité, au moment où le contrat est intervenu et qui constitue l'opinion du risque, se trouve modifiée d'une façon absolue.

Or les compagnies d'assurances ont toujours soutenu, et il a été admis par la jurisprudence que l'erreur dans l'opinion du risque entraînait la nullité de la convention. La responsabilité de l'art. 1382 C. C., qui fait l'objet de la police de responsabilité civile, se trouve disparaître et est remplacée par une responsabilité différente.

On peut se demander si l'erreur dans laquelle le tribunal est tombé ne provient pas de ce fait qu'il semble ne s'être préoccupé que de l'assurance collective.

304. Dans cette assurance, le risque, contre lequel s'assure le patron, se rapproche du risque prévu par la loi de 1898, puisque le contrat accorde une indemnité à l'ouvrier quelle que soit la cause de l'accident.

Le patron, assurant à ses ouvriers une indemnité dans le cas où il n'aurait point été responsable, lui faisait ainsi une libéralité. Mais il ne faut point oublier que pour toucher cette indemnité l'ouvrier devait renoncer à toute réclamation contre son patron ; il pouvait recevoir l'indemnité fixée par la police collective, ou bien former contre son patron une demande d'indemnité d'après le droit commun.

Nous éprouvons quelque difficulté à comprendre, d'après le texte publié par le journal *le Droit*, le passage du jugement dans lequel le tribunal repousse l'objection tirée de l'impossibilité où seraient les parties d'appliquer en présence de la loi nouvelle cette clause substantielle du contrat de l'assurance collective.

« Attendu, dit le jugement, que l'assurance de

« responsabilité civile qui a eu pour objet et qui a
« pour résultat de compléter l'assurance collective,
« a eu précisément pour but de régler le cas d'actions
« exercées contre le patron par les ouvriers, en de-
« hors de l'assurance collective, et de déterminer
« l'étendue de la garantie nouvelle que la compa-
« gnie assumait alors ; qu'elle enlève, dès lors, toute
« portée à l'objection, puisque W... est par elle
« dispensé de se soumettre à l'obligation écrite dans
« l'art. 5 de l'assurance collective. »

Nous ne pouvons expliquer si les mots « par elle »
désignent l'assurance de responsabilité civile ou si
l'on ne devrait pas substituer à ces mots ceux de
« par la loi de 1898 », laquelle interdit toute réclamation dirigée contre le patron en vertu du droit
commun (art. 2 et 7).

L'assurance de responsabilité civile n'interdit pas
à l'ouvrier d'invoquer l'assurance collective ; mais si
l'ouvrier invoque l'assurance collective, il doit renoncer à toute réclamation.

Sous l'empire de l'ancienne législation, le contrat
recevait facilement son application, mais il en est
autrement sous l'empire de la loi nouvelle ; il est
vrai que la loi interdit une réclamation basée sur le
droit commun, mais l'ouvrier (art. 30) ne peut renoncer au bénéfice de la loi. La situation sera donc

la suivante : l'ouvrier, qui aura touché l'indemnité de la police collective, n'en conservera pas moins son droit à l'indemnité légale, et l'économie même du contrat se trouve bouleversée, la loi nouvelle ayant rendu absolument inexécutable la clause de renonciation, imposée au bénéficiaire de l'indemnité stipulée par la police collective.

Pour nous résumer, les parties ont eu pour traiter une opinion nette et précise du risque qu'elles ont voulu garantir ; pour l'un et l'autre contrat, la loi nouvelle change du tout au tout le risque garanti ; il y a erreur sur l'opinion du risque, et cette erreur entraîne la nullité du contrat.

Nous n'avons pas besoin d'insister sur les conséquences fâcheuses du maintien de la jurisprudence du tribunal contre les patrons, sans profit pour les ouvriers. Liés par des contrats valables peut-être pour de longues années encore, les patrons ne pourraient bénéficier des dispositions de la loi de 1898 qui les mettent à l'abri de tout recours, à l'aide de contrats d'assurances organisés par la loi nouvelle ; ils ne pourraient non plus invoquer les facilités créées en leur faveur par la loi du 24 mai 1899 (1).

---

(1) Une loi du 30 juin 1899 donne, pendant un an, aux parties intéressées, la faculté de dénoncer les contrats d'assurances, antérieurement souscrits. (Voir pièces annexes.)

305. L'intérêt des compagnies à soutenir la validité des contrats en cours résulte particulièrement de l'application de la loi du 24 mai 1899, ainsi conçue :

Art. 1ᵉʳ. — *Les opérations de la caisse nationale d'assurances en cas d'accidents, créée par la loi du 11 juillet 1868, sont étendues aux risques prévus por la loi du 9 avril 1898 pour les accidents ayant entraîné la mort ou une incapacité permanente absolue ou partielle.*

Les tarifs correspondants seront, avant le 1ᵉʳ juin 1899, établis par la caisse nationale d'assurances en cas d'accidents et approuvés par décret rendu sur le rapport du ministre du commerce, de l'industrie, des postes et des télégraphes, et du ministre des finances.

Les primes devront être calculées de manière que le risque et les frais généraux d'administration de la Caisse soient entièrement couverts sans qu'il soit nécessaire de recourir à la subvention prévue par la loi du 11 juillet 1868.

Le décret et les tarifs annexés ont été publiés au *Journal officiel* du 27 mai 1899 ; ils sont accompagnés d'une note que l'on trouvera aux pièces annexées. La loi du 24 mai 1899 ne change pas la situation des patrons, elle leur permet simplement de s'assurer dans des conditions moins onéreuses.

Il nous paraît certain qu'au moyen de cette assurance les patrons se trouveront dans la situation qui résulterait pour eux d'une assurance contractée avec une compagnie, fonctionnant dans les conditions de la loi de 1898; ils seront donc (art. 26) à l'abri de tout recours de la part de la caisse nationale des retraites.

La caisse nationale des assurances, d'après la loi du 11 juillet 1868, a pour objet le payement d'indemnités en cas de décès et en cas d'incapacité permanente; appliquée aux risques de la loi du 9 avril 1898, elle garantit le payement des rentes et pensions, accordées aux victimes d'accidents ou à leurs ayant droit. Elle peut garantir le payement des frais funéraires, des indemnités journalières, des frais funéraires, médicaux et pharmaceutiques, dus à la suite d'accidents mortels ou d'accidents ayant entraîné une incapacité permanente.

L'art. 5 de la loi du 11 juillet 1868 porte que « nul « ne peut s'assurer s'il n'est âgé de seize ans au moins « et de soixante ans au plus » ; il ne trouve plus son application, puisque l'assurance nouvelle porte, en principe, sur tout le personnel, employés, ouvriers et apprentis, sans distinction d'âge.

Le patron, qui veut s'assurer, peut s'adresser à Paris à la Direction générale de la Caisse des dépôts et consignations, au receveur central des finances de la Seine, aux receveurs-percepteurs des contributions directes, aux receveurs des postes ; dans les départements aux trésoriers-payeurs généraux, aux receveurs particuliers des finances, aux percepteurs des contributions directes ou aux receveurs des postes.

Il ne peut être conclu qu'une police annuelle ; le montant de la prime est déterminé d'après le tarif et en tenant compte du nombre d'ouvriers occupés dans l'établissement industriel.

Les variations subies par le nombre des ouvriers, par l'importance des salaires, soumettent le montant des primes à des fluctuations inévitables ; aussi, une prime fixée provisoirement, payable par quart de trois mois en trois mois, est-elle encaissée par la Caisse nationale d'assurances qui, à la fin de l'année, d'après les situations du personnel et des salaires, pourra réclamer le supplément de ce qui lui serait dû, ou rembourser ce qui aurait été perçu en trop.

La disposition du troisième alinéa de l'art. 1er, aux termes duquel les primes doivent être calculées de manière que la caisse des assurances ne soit point obligée de recourir à une subvention de l'État, pourra donner naissance à un conflit entre la Caisse nationale des retraites et la Caisse nationale des assurances, dans le cas où cette dernière, n'ayant encaissé que des primes insuffisantes, ne pourrait faire face à ses engagements.

La disposition en vertu de laquelle il n'est fait que des polices annuelles permettra de remédier à ces difficultés par une augmentation du tarif des primes. Cette augmentation aura pour résultat de diminuer, pour le patron, l'avantage que la loi nouvelle semble lui accorder.

2° Syndicats de garantie.

306. A côté du contrat d'assurance, la loi organise, pour garantir le payement des rentes constituées, l'intervention des syndicats de garantie.

L'art. 24 prévoit, en effet, l'existence de ces syndicats, et l'art. 27 porte dans son 3e alinéa :

Les syndicats de garantie seront soumis à la même surveillance, et un règlement d'administration publique déterminera les conditions de leur création et de leur fonctionnement.

La surveillance dont parle ce paragraphe est celle que la loi organise pour les compagnies d'assurances à primes fixes ou mutuelles.

Le décret prévu est le même que celui qui s'applique à ces compagnies d'assurances.

D'après le titre II de ce décret, ces syndicats de garantie doivent comprendre au moins (art. 22)

5.000 ouvriers assurés, 10 chefs d'entreprise adhérents, dont 5 ayant au moins 300 ouvriers.

Les syndicats lient solidairement leurs adhérents pour le payement des rentes et indemnités attribuables en vertu de la loi de 1898.

Comme il s'agit d'accidents ayant entraîné la mort ou une incapacité permanente, il semble que la loi eût pu ne parler que de rentes mais la rente se trouvant exceptionnellement et dans certains cas rachetable, on a pu joindre au mot « rentes » le mot « indemnités ».

Les statuts de ces syndicats de garantie et le fonctionnement de chaque syndicat doivent être soumis à l'approbation du gouvernement, qui statue par décret rendu, en Conseil d'État, sur le rapport du ministre du commerce, après avis du Comité consultatif des assurances contre les accidents du travail (1).

Nous avons dit que les chefs d'entreprise auraient un grand avantage à contracter des polices d'assurance. Nous ne pensons pas que, pratiquement, on puisse arriver à de bons résultats par la formation de ces syndicats de garantie.

Ces syndicats, formés entre établissements d'indus-

(1) Voir le décret aux pièces annexes.

tries similaires, auront l'inconvénient de faire connaître aux membres de ces syndicats la situation industrielle de chaque établissement, les accidents survenus, le nombre des ouvriers occupés.

307. L'affiliation d'un industriel à un syndicat n'a pas pour résultat de substituer à l'obligation de cet industriel celle du syndicat lui-même, tenu de faire face au payement de la rente au moyen d'une caisse commune alimentée par les différents syndicataires; chaque industriel reste personnellement débiteur des rentes et indemnités mises à sa charge au profit de ses ouvriers. Il devient responsable des accidents survenus chez ses cosyndicataires, dans le cas où ceux-ci ne pourraient faire honneur à leurs engagements. L'ouvrier ou l'employé auront le plus grand intérêt à traiter avec un industriel dont la solvabilité serait douteuse, mais qui aurait trouvé le moyen d'entrer dans un syndicat où se trouveraient des industriels absolument solvables. Comme il est garanti par la Caisse des retraites, il n'a d'ailleurs pas à se préoccuper beaucoup de la solvabilité de celui qui l'emploie.

Il est difficile de se rendre compte de l'avantage que peut avoir l'industriel, dont les affaires sont prospères, à s'affilier à un syndicat de garantie. Si tous les syndicataires sont *in bonis*, chacun faisant face à ses obligations, l'obligation du syndicat devient inutile. Si un ou plusieurs des syndicataires ne payent pas les rentes dont ils sont débiteurs, leurs associés seront tenus de payer en leur lieu et place.

Frappés d'un impôt supplémentaire, pour donner à la Caisse des retraites pour la vieillesse les ressources dont elle a besoin, les patrons syndiqués supporteront, en outre, les charges résultant de l'insolvabilité des membres de leur syndicat.

3° *Caisse nationale des retraites.*

308. Tant que les arrérages de la rente constituée sont régulièrement payés tous les trois mois par le débiteur de la rente et tant que la personnalité du débiteur de la rente, ne se trouve pas changée, le crédi-rentier ne peut rien réclamer, ni de la part du débiteur lui-même, ni des sociétés d'assurances ou des syndicats de garantie que le débiteur se serait substitués.

309. Lorsqu'il ne peut obtenir payement, la loi de 1898 met en face de lui un nouveau débiteur auquel il devra, en se conformant à une procédure spéciale, demander un payement qu'il est sûr d'obtenir.

Art. 24. — *A défaut, soit par les chefs d'entreprise débiteurs, soit par les sociétés d'assurances à primes fixes ou mutuelles, ou les syndicats de garantie liant solidairement tous leurs adhérents, de s'acquitter, au moment de leur exigibilité, des indemnités mises à leur charge à la suite d'accidents ayant entraîné la mort ou une incapacité permanente de travail, le payement en sera assuré aux intéressés par les soins de la Caisse nationale des retraites pour la vieillesse, au moyen d'un fonds spécial de garantie constitué comme il va être dit et dont la gestion sera confiée à ladite caisse.*

Le crédi-rentier a donc pour garantie, indépendamment de la solvabilité de l'entreprise, de la compagnie d'assurances ou des syndicats, une garantie absolue dans la solvabilité d'une caisse publique dont les ressources seront assurées par l'impôt.

Nous verrons qu'il n'est même pas obligé d'exercer personnellement des poursuites contre l'établissement débiteur ou des substitués et qu'il peut, par cela seul que l'arrérage ne lui est pas payé, s'adresser directement à la Caisse nationale.

Règlement d'aministration publique relatif à la Caisse des retraites.

L'art. 26, 3ᵉ alinéa, décide qu'un règlement d'administration publique déterminera les conditions dans lesquelles les victimes d'accidents ou leurs ayants droit seront admis à réclamer à la Caisse le payement de leurs indemnités.

Ce règlement, en date du 28 février 1899, a été promulgué au *Journal officiel* du 1er mars suivant. Voici, au point de vue qui nous occupe, les dispositions qu'il contient.

310. R¹. ART. 1ᵉʳ. — *Tout bénéficiaire d'une indemnité liquidée en vertu de l'art. 16 de la loi du 9 avril 1898, à la suite d'un accident ayant entraîné la mort ou une incapacité permanente de travail, qui n'aura pu obtenir le payement, lors de leur exigibilité, des sommes qui lui sont dues, doit en faire la déclaration au maire de la commune de sa résidence.*

Déclaration au maire du domicile du réclamant

ART. 2. — *La déclaration est faite soit par le bénéficiaire de l'indemnité ou son représentant légal, soit par un mandataire; elle est exempte de tous frais.*

ART. 3. — *La déclaration doit indiquer :*

1° Les nom, prénoms, âge, nationalité, état civil, profession, domicile du bénéficiaire de l'indemnité;

2° Les nom et domicile du chef d'entreprise débiteur ou la désignation et l'indication du siège de la société d'assurances ou du syndicat de garantie qui aurait dû acquitter la dette à ses lieu et place;

3° La nature de l'indemnité et le montant de la créance réclamée;

4° L'ordonnance ou le jugement en vertu duquel agit le bénéficiaire ;

5° Le cas échéant, les nom, prénoms, profession et do.

micile du représentant légal du bénéficiaire ou du mandataire.

311. Aux diverses pièces qui sont énumérées par le décret, il semble qu'on doive ajouter le certificat de vie, établissant l'existence actuelle du crédi-rentier. C'est d'ailleurs la première de toutes les pièces qui soit demandée dans toutes les caisses publiques pour le payement des rentes viagères et des pensions.

Transmission au directeur de la Caisse des dépôts.

312. ART. 4. — *La déclaration, rédigée par les soins du maire, est signée par le déclarant.*

Le maire y joint toutes les pièces qui lui sont remises par le réclamant à l'effet d'établir l'origine de la créance, ses modifications ultérieures et le refus de payement opposé par le débiteur : chef d'entreprise, société d'assurances ou syndicat de garantie.

ART. 5. — *Récépissé de la déclaration et des pièces qui l'accompagnent est remis par le maire au déclarant.*

La déclaration et les pièces produites à l'appui sont transmises par le maire au directeur général de la Caisse des dépôts et consignations dans les vingt-quatre heures.

La réclamation du crédi-rentier est donc transmise à la Caisse des dépôts et consignations par le maire de la commune de la résidence du rentier.

Comparution du défendeur devant le juge

313. ART. 6. — *Le directeur général de la Caisse des dépôts et consignations adresse, dans les quarante-huit*

heures, à partir de sa réception, le dossier au juge de paix du domicile du débiteur, en l'invitant à convoquer celui-ci d'urgence par lettre recommandée.

Art. 7. — *Le débiteur doit comparaître au jour fixé par le juge de paix soit en personne, soit par mandataire.*

Il lui est donné connaissance de la réclamation formulée contre lui.

Procès-verbal est dressé par le juge de paix des déclarations faites par le comparant, qui appose sa signature sur le procès-verbal.

Art. 8. — *Le comparant qui ne conteste ni la réalité ni le montant de la créance est invité par le juge de paix soit à s'acquitter devant lui, soit à expédier au réclamant la somme due au moyen d'un mandat-carte et à comuniquer au greffe le récépissé de cet envoi.*

Cette communication doit être effectuée au plus tard le deuxième jour qui suit la comparution devant le juge de paix.

Le juge de paix statue sur le payement des frais de convocation.

Il constate, s'il y a lieu, dans son procès-verbal, la libération du débiteur.

Art. 9. — *Dans le cas où le comparant, tout en reconnaissant la réalité et le montant de sa dette, déclare ne pas être en état de s'acquitter immédiatement, le juge de paix est autorisé, si les motifs invoqués paraissent légitimes, à lui accorder pour sa libération un délai qui ne peut excéder un mois.*

Dans ce cas, en vue du payement immédiat prévu à l'art. 13 ci-dessous, le procès-verbal dressé par le juge de paix constate la reconnaissance de dette et l'engagement pris par le comparant de se libérer dans le délai qui lui a été accordé au moyen soit d'un versement entre les mains du caissier de la Caisse des dépôts et consignations à Paris ou des préposés de la caisse dans les départements, soit de l'expédition d'un mandat carte payable au Caissier général à Paris.

ART. 10. — *Si le comparant déclare ne pas être débiteur du réclamant ou n'être que partiellement son débiteur, le juge de paix constate, dans son procès-verbal, le refus total ou partiel de payement et les motifs qui en ont été donnés.*

Il est procédé, pour l'acquittement de la somme non contestée, suivant les dispositions des art. 8 ou 9, tous droits restant réservés pour le surplus.

ART. 11. — *Au cas où le débiteur convoqué ne comparaît pas au jour fixé, le juge de paix procède dans la huitaine à une enquête, à l'effet de rechercher :*

1° Si le débiteur convoqué n'a pas changé de domicile;

2° S'il a cessé son industrie, soit volontairement, soit

par cession d'établissement, soit par suite de faillite ou de liquidation, judiciaire et, dans ce cas, quel est le syndic ou le liquidateur, soit par suite de décès, et, dans l'affirmative, par qui sa succession est représentée.

Le procès-verbal dressé par le juge de paix constate la non-comparution et les résultats de l'enquête.

314. ART. 12. — *Dans les deux jours qui suivent soit la libération immédiate du débiteur, soit sa comparution devant le juge de paix au cas où il a refusé le payement ou obtenu un délai, soit la clôture de l'enquête dont il est question dans l'article précédent , le juge de paix adresse au directeur général de la Caisse des dépôts et consignations le dossier et y joint le procès-verbal par lui dressé.*

ART. 13. — *Dès la réception du dossier, s'il résulte du procès-verbal dressé par le juge de paix que le débiteur n'a pas contesté sa dette, mais ne s'en est pas libéré, ou si les motifs invoqués pour refuser le payement ne paraissent pas légitimes, le directeur général de la Caisse des dépôts et consignations remet au réclamant ou lui adresse, par mandat-carte, la somme à laquelle il a droit. Il fait parvenir également au greffier de la justice de paix le montant de ses déboursés et émoluments.*

Il est procédé de même, si le débiteur ne s'est pas présenté devant le juge de paix et si la réclamation du bénéficiaire de l'indemnité paraît justifiée.

Art. 14. — *Dans le cas où les motifs invoqués par le comparant pour refuser le payement paraissent fondés, ou, en cas de non-comparution, si la réclamation formulée par le bénéficiaire ne semble pas suffisamment justifiée, le directeur général de la Caisse des dépôts et consignations renvoie, par l'intermédiaire du maire, au réclamant le dossier par lui produit, en lui laissant le soin d'agir contre la personne dont il se prétend le créancier, conformément aux règles du droit commun.*

Le montant des déboursés et émoluments du greffier est, en ce cas, acquitté par les soins du directeur général et imputé sur les fonds de garantie.

Observations sur la procédure du décret.

315. Si nous voulons résumer cette singulière procédure, nous devons remarquer que le bénéficiaire de la rente n'a pas à s'adresser à celui qui la doit, chef d'entreprise, compagnie d'assurances ou syndicat de garantie ; il n'a pas à discuter leur solvabilité, il n'a qu'à faire sa déclaration au maire de sa commune et à attendre. Le maire prévient, dans les vingt-quatre heures, le directeur de la Caisse des dépôts et consignations, et c'est ce fonctionnaire qui va tâcher d'obtenir que le débiteur s'exécute.

316. On organise alors une sorte de tentative de conciliation devant le juge de paix du domicile du débiteur. Ce magistrat connaît par le dossier la réclamation du demandeur, il a convoqué le débi-

teur celui-ci ne se présentant pas, le juge de paix doit faire une enquête pour rechercher les causes de sa disparition.

Si le débiteur a répondu à la convocation, trois hypothèses peuvent se présenter :

A. — Le débiteur s'exécute ;

B. — Il demande un certain délai, et le juge de paix peut lui accorder un délai d'un mois, au maximum ;

C. — Il refuse de payer, soit parce qu'il soutient ne rien devoir, soit parce qu'il déclare ne pouvoir payer.

Le juge de paix dresse un procès-verbal constatant ce qui s'est passé et le renvoie avec le dossier au directeur de la Caisse des dépôts et consignations.

317. Saisi de ce dossier, ce fonctionnaire devra prendre une décision et, statuant sur la demande, accorder ou refuser le payement ; s'il reconnaît la régularité des titres, le débiteur de la rente ne s'étant pas présenté devant le juge de paix ou n'ayant pas contesté la créance, ce payement est ordonné et les fonds sont remis au réclamant ou lui sont adressés par un mandat-carte.

Il peut en être de même au cas où, le débiteur ayant refusé le payement, le directeur de la Caisse des dépôts jugerait que les motifs de ce refus ne lui paraissent pas justifiés.

Le payement de la rente ainsi fait par la Caisse

des dépôts, en l'absence d'une contestation par le débiteur, ou malgré cette contestation, n'est fait qu'aux risques et périls de la Caisse. En effet, lorsque celle-ci, se retournant contre le débiteur, voudra exercer son recours contre lui au moyen d'une contrainte, ainsi que nous le verrons tout à l'heure, le débiteur fera en la forme ordinaire opposition à la contrainte et pourra faire admettre par le tribunal le bien fondé de son refus de payement.

Refus du payement par la Caisse des dépôts.

318. Au lieu d'ordonner le payement, le directeur de la Caisse des dépôts peut, au contraire, le refuser, soit parce que la réclamation du demandeur ne lui paraît pas suffisamment justifiée, soit parce qu'il juge fondé le refus de payement opposé par le débiteur.

Contestations qui peuvent donner lieu au refus du payement.

319. On peut se demander comment, en dehors de la question de la régularité des titres, le droit du réclamant peut être contestable. Il s'agit, en effet, d'un crédi-rentier, dont le droit a été déterminé par ordonnance du président du tribunal de l'arrondissement dans lequel l'accident s'est produit, et constatant l'accord des parties; ou d'une décision de justice emportant condamnation.

Il ne peut même point y avoir contestation sur le quantum de la rente : si le délai de revision est expiré, le chiffre de la rente est définitivement fixé;

si les parties peuvent encore demander la revision, le quantum actuel de la rente n'en est pas moins certain tant que le demandeur en revision n'en a point obtenu la modification.

320. Vis-à-vis de la victime, il ne peut y avoir de contestation que sur la régularité de ses titres.

Il n'en est pas de même à l'égard des ayants droit; le débiteur de la rente peut soutenir, en effet, que le demandeur est un conjoint remarié, un mineur qui a dépassé seize ans ou un étranger qui a cessé de résider en France.

321. Vis-à-vis de la victime elle-même ou de ses ayants droit, la question de la régularité des titres peut donner lieu à des contestations difficiles.

Indépendamment des questions de pure forme, on peut se trouver en présence d'une rente constituée d'une façon irrégulière.

Par exemple, le chef d'entreprise et la victime d'un accident ont, par un acte sous seing privé, réglé l'indemnité sur laquelle ils se sont mis d'accord; ils ont même, si l'on veut, constitué une rente en s'inspirant de la loi de 1898; mais l'accord ne s'est point établi en présence du président du tribunal, et le demandeur ne représente pas une ordonnance régulièrement rendue par ce magistrat.

Alors même que cette convention aurait été exécutée pendant un certain temps, le payement par la Caisse des dépôts ne pourrait être ordonné, car la Caisse des retraites ne peut être tenue de payer que des rentes établies dans les conditions de garantie imposées par la loi.

322. Le refus de payer donne ainsi naissance à un conflit entre le crédi-rentier victime de l'accident et la Caisse des dépôts.

L'art. 14 du décret donne au directeur de la Caisse des dépôts le droit de trancher cette contestation.

Voici, en effet, comment s'exprime cet article : En cas de refus de payement, le directeur *renvoie par l'intermédiaire du maire au réclamant le dossier par lui produit en lui laissant le soin d'agir contre la personne dont il se prétend le créancier, conformément aux règles du droit commun.*

D'après ce texte, le réclamant, en présence du refus qu'on lui oppose, n'aurait action que contre le débiteur de la rente.

D'après l'art. 24 de la loi de 1898, le payement des indemnités est assuré aux intéressés par les soins de la Caisse des retraites ; l'art. 26 édicte qu'un règlement d'administration publique déterminera les conditions dans lesquelles les réclamations sont admises ; l'art. 14 du décret donne au directeur des dépôts le droit de refuser le payement.

Il faut, de toute nécessité, que ce refus de payement puisse être soumis à l'appréciation d'un tribunal; autrement, la combinaison des art. 24, 26, de la loi et 14 du décret aboutirait à cette solution, que le créancier pourrait se faire payer par la Caisse, à moins que le directeur de cette caisse ne lui refuse le payement.

323. Les derniers mots de l'art. 14 sont d'ailleurs absolument incompréhensibles, la victime d'un accident n'ayant point d'action de droit commun contre le chef d'entreprise. Nous devons préciser par des exemples la portée de cette disposition de l'art. 14 du décret.

Le réclamant, en cas, de refus, ne tombe pas sous l'application du droit commun.

Un ouvrier a eu un bras coupé dans une scierie : le patron a fait la déclaration, les parties se sont mises d'accord moyennant une rente dont le chef d'entreprise n'a pas craint d'élever l'importance, bien décidé qu'il était à ne pas la payer. Elle a été fixée à 2.000 francs, et les parties ne se sont présentées ni devant le juge de paix pour l'enquête préliminaire, ni devant le président du tribunal. Le second arrérage n'étant pas payé, la victime présente au maire de sa commune son titre de rente, son certificat de vie, et toutes les pièces qu'il croit devoir y ajouter, telles, par exemple, que son livret d'ouvrier et son engagement dans l'établissement où il a été blessé.

Le chef d'entreprise, convoqué par le juge de paix de son domicile, reconnaît sa dette, mais déclare qu'il est hors d'état de la payer ; le dossier revient entre les mains du directeur de la Caisse des dépôts et consignations. Celui-ci se trouve en présence d'une réclamation irrégulière ; la rente n'a point été établie conformément aux dispositions de la loi de 1898 (accord des parties après enquête et en présence du juge). Le payement doit donc être refusé au réclamant. Celui-ci pourra intenter un procès contre le chef d'entreprise en invoquant la convention intervenue ; ce serait alors un procès de droit commun, mais on lui opposera la nullité de cette convention ; il devra introduire sa demande en s'appuyant sur la loi de 1898, et son action sera recevable s'il s'est écoulé moins d'un an du jour de l'accident.

Cette action se trouvera également soumise aux règles spéciales de forme et de compétence prévues par la loi.

324. Le réclamant avait pour titre une ordonnance du président, ou une décision de justice dont le directeur de la Caisse des dépôts a contesté la régularité ; porteur de ses titres, le réclamant pourra en poursuivre l'exécution, mais non pas en vertu du droit commun, car il aurait de droit l'assistance judiciaire (art. 22).

Si, dans le litige qui naîtra de cette tentative d'exécution, la valeur du titre contesté par le directeur de la Caisse des dépôts est, au contraire, reconnue par l'autorité judiciaire, il nous paraît difficile d'admettre que le refus de M. le directeur de la Caisse des dépôts et consignations puisse être maintenu, et la question est particulièrement grave en cas d'insolvabilité du débiteur de la rente. Le réclamant agira avec prudence en mettant en cause dans l'instance le directeur de la Caisse des dépôts, afin de rendre commun avec lui le jugement à intervenir.

325. Ces difficultés que nous devions prévoir ne se présenteront pas, dans la pratique, toutes les fois que les parties auront eu soin de procéder d'une façon régulière. On peut, en effet, espérer que la Caisse des dépôts sera amenée à se départir pour ce nouveau service de ses règles habituelles de rigoureux formalisme.

Toutes les fois que le crédi-rentier se trouvera en présence d'un débiteur insolvable, il pourra obtenir payement des arrérages échus de sa rente, à la condition que ses titres soient reconnus réguliers par le directeur de la Caisse des dépôts.

326. Le payement est fait au nom de la Caisse des retraites, qui elle-même paye au nom du chef de l'entreprise, véritable débiteur de la rente.

Le payement fait par la Caisse des dépôts constitue une avance qui

donne ouverture
à un recours
contre les chefs
d'entreprise.

Un recours est organisé au profit de la Caisse contre le chef de l'entreprise.

Art. 26. Loi. — *La Caisse nationale des retraites exercera un recours contre les chefs d'entreprise débiteurs, pour le compte desquels des sommes auront été payées par elle, conformément aux dispositions qui précèdent.*

Ce recours ne s'exerce pas seulement contre le chef d'entreprise, mais aussi contre la société d'assurances avec laquelle il a traité.

En cas d'assurance du chef d'entreprise, elle jouira, pour le remboursement de ses avances, du privilège de l'art. 2102 du Code civil sur l'indemnité due par l'assureur, et n'aura plus de recours contre le chef d'entreprise.

Nous avons déjà signalé l'avantage qui résulte pour le chef d'entreprise de ce dernier alinéa en vertu duquel l'assurance qu'il a contractée le libère, contrairement au droit commun, de son obligation personnelle.

Procédure pour
l'exercice du
droit de recours.

327. **Art. 26. 3ᵉ al. —** *Un règlement d'administration publique déterminera les conditions d'organisation et de fonctionnement du service conféré par les dispositions précédentes à la Caisse nationale des retraites, et notamment les formes du recours à exercer contre les chefs d'entreprise débiteurs ou les sociétés d'assurance et les syndicats*

de garantie, ainsi que les conditions dans lesquelles les victimes d'accidents ou leurs ayants droit seront admis à réclamer à la Caisse le payement de leurs indemnités.

Les formes de ce recours sont posées dans le titre II du décret en date du 28 février 1899, pour l'application de l'art. 26 de la loi.

ART. 15. R¹. — *Le recours de la Caisse nationale des retraites est exercé aux requête et diligence du directeur général de la Caisse des dépôts et consignations, dans les conditions énoncées aux articles suivants.*

ART. 16. — *Dans les cinq jours qui suivent le payement fait au bénéficiaire de l'indemnité et au greffier de la justice de paix, conformément aux art. 13 et 14, ou à l'expiration du délai dont il est question à l'article 9, si le remboursement n'a pas été opéré dans ce délai, le directeur général de la Caisse des dépôts et consignations informe le débiteur, par lettre recommandée, du payement effectué pour son compte.*

La lettre recommandée fait en même temps connaître que, faute par le débiteur d'avoir remboursé dans un délai de quinzaine le montant de la somme payée, d'après un des modes prévus au dernier alinéa de l'art. 9, le recouvrement sera poursuivi par la voie judiciaire.

328. ART. 17. — *A l'expiration du délai imparti par le deuxième alinéa de l'art. 16 ci-dessus, il est délivré par le directeur général de la Caisse des dépôts et*

Le recours est exercé au moyen d'une contrainte.

consignations, à l'encontre du débiteur qui ne s'est pas acquitté, une contrainte pour le recouvrement.

ART. 18. — La contrainte décernée par le directeur général de la Caisse des dépôts et consignations est visée et déclarée exécutoire par le juge de paix du domicile du débiteur.

Elle est signifiée par ministère d'huissier.

ART. 19. — L'exécution de la contrainte ne peut être interrompue que par une opposition formée par le débiteur et contenant assignation donnée au directeur général de la Caisse des dépôts et consignations devant le tribunal civil du domicile du débiteur.

ART. 20. — L'instance à laquelle donne lieu l'opposition à contrainte est suivie dans les formes et délais déterminés par l'art. 65 de la loi du 22 frimaire an VII, sur l'enregistrement.

ART. 21. — Les frais de poursuites et dépens de l'instance auxquels a été condamné le débiteur débouté de son opposition sont recouvrés par le directeur général de la Caisse des dépôts et consignations, au moyen d'un état de frais taxé sur sa demande et rendu exécutoire par le président du tribunal.

329. Nous n'avons à remarquer, au sujet de cette procédure, que l'art. 17 en vertu duquel, après un simple avis résultant d'une lettre recommandée, et après un délai de quinzaine, le directeur de la Caisse

des dépôts et consignations exerce son recouvrement au moyen d'une contrainte rendue exécutoire par le juge de paix. On applique à l'exécution de cette contrainte les règles admises pour le recouvrement des droits d'enregistrement. Ce mode de procéder, précieux pour le créancier, a, au contraire, des conséquences fort dures contre le débiteur. Souvent, dans la pratique, des poursuites ne sont point exercées qui, aboutissant à la saisie-exécution du débiteur, ne laisseraient, à cause des frais, aucun profit aux mains du créancier. Celui-ci, pouvant agir ainsi par voie de contrainte, et sans s'exposer à des frais qui resteraient à sa charge, ne pourra jamais hésiter à poursuivre. L'art. 25 du décret, pour corriger ce que cette disposition aurait de trop sévère, donne au directeur le droit d'accorder des délais, des facilités de payement, et même de transiger.

Art. 25. (R¹.) — *En dehors des délais fixés par les dispositions qui précèdent, le directeur général de la Caisse des dépôts et consignations peut accorder au débiteur tous délais ou toutes facilités de payement.*

Le directeur général peut également transiger.

330. Les poursuites contre le véritable débiteur de la rente peuvent n'aboutir qu'à un procès-verbal de carence, c'est-à-dire à l'impossibilité constatée de recouvrer le montant de la créance; or, la Caisse des

retraites se trouve déjà à découvert des avances qu'elle a faites, et, en outre, de trois mois en trois mois, elle se trouvera obligée de faire face aux arrérages de la rente. Il était donc nécessaire de constituer, au profit de la Caisse des retraites, un fonds de garantie qui lui permît de faire face à ses engagements.

Fonds de garantie de la caisse des retraites. 331. L'art. 24 de la loi de 1898, parlant des payements qui seront faits par la Caisse nationale des retraites pour la vieillesse, parle d'un « fonds spécial de garantie » dont la gestion doit être confiée à cette Caisse. Pour alimenter cette Caisse et lui assurer les ressources nécessaires pour faire face à ses obligations, l'art. 25 dispose :

ART. 25. (Loi.) — *Pour la constitution du fonds spécial de garantie, il sera ajouté au principal de la contribution des patentes des industriels visés par l'art. premier, quatre centimes (0 fr. 04) additionnels. Il sera perçu sur les mines une taxe de cinq centimes (0 fr. 05) par hectare concédé. Ces taxes pourront, suivant les besoins, être majorées ou réduites par la loi de finances.*

332. L'organisation de ce fonds de garantie fait l'objet du titre III du décret du 28 février 1899 pour l'application de l'art. 26 de la loi de 1898.

Réglementation du fonds de garantie. ART. 26. (R¹.) — *Le fonds de garantie institué par les articles 24 et 25 de la loi du 9 avril 1898 fait l'objet d'un* compte spécial ouvert dans les écritures de la Caisse des dépôts et consignations.

ART. 27. — Le ministre du commerce adresse au Président de la République un rapport annuel, publié au « Journal officiel », sur le fonctionnement général du fonds de garantie visé par les art. 24 à 26 de la loi du 9 avril 1898.

ART. 28. — Les recettes du fonds de garantie comprennent :

1° Les versements effectués par le Trésor public, représentant le montant des taxes recouvrées en conformité de l'art. 25 de la loi du 9 avril 1898 ;

2° Les recouvrements effectués sur les débiteurs d'indemnité dans les conditions prévues aux titres I et II du présent décret ;

3° Les revenus et arrérages et le produit du remboursement des valeurs acquises en conformité de l'article 30 du présent décret ;

4° Les intérêts du fonds de roulement prévu au deuxième alinéa du même article.

ART. 29. — Les dépenses du fonds de garantie comprennent :

1° Les sommes payées aux bénéficiaires des indemnités ;

2° Les sommes versées sur des livrets individuels à la Caisse nationale des retraites pour la vieillesse, et repré-

sentant les capitaux de pensions exigibles dans les cas prévus par l'art 28, § 3, de la loi du 9 avril 1898 ;

3° Le montant des frais de toute nature auxquels donne lieu le fonctionnement du fonds de garantie.

ART. 30. — *Les ressources du fonds de garantie sont employées dans les conditions prescrites par l'art. 22 de la loi du 20 juillet 1886.*

Les sommes liquides reconnues nécessaires pour assurer le fonctionnement du fonds de garantie sont bonifiées d'un intérêt calculé à un taux égal à celui qui est adopté pour le compte courant ouvert à la Caisse des dépôts et consignations, dans les écritures du Trésor public.

ART. 31. — *Le ministre du commerce, de l'industrie, des postes et des télégraphes, le ministre des finances et le garde des sceaux, ministre de la justice sont chargés, chacun en ce qui le concerne, de l'exécution du présent décret, qui sera publié au Journal officiel de la République française et inséré au Bulletin des lois.*

La loi du 20 juillet 1886, à laquelle l'art. 30 du décret fait allusion, est la loi relative à la Caisse nationale des retraites pour la vieillesse.

Il nous a paru inutile d'entrer dans de plus longues explications sur l'application de ces dispositions réglementaires ; elles devront s'appliquer, sous la surveillance du directeur de la Caisse des dépôts, au personnel de cet établissement.

4° Versement du capital.

333. Dans les différentes hypothèses que nous avons examinées, le crédi-rentier ne pouvait exiger autre chose que le payement des arrérages de sa rente, qu'il fût en présence, soit du débiteur lui-même, soit d'une compagnie d'assurances, d'un syndicat de garantie ou de la Caisse nationale des retraites.

Le débi-rentier peut se soustraire à l'obligation de payer lui-même les arrérages de la rente, à la condition d'en assurer le service. Cette double règle résulte de l'art. 28 (1ᵉʳ et 2ᵉ alinéas).

Aʀᴛ. 28. (Loi.) — *Le versement du capital représentatif des pensions allouées en vertu de la présente loi ne peut être exigé des débiteurs.*

Toutefois, les débiteurs qui désireront se libérer en une fois pourront verser le capital représentatif de ces pensions à la Caisse nationale des retraites, qui établira, à cet effet, dans les six mois de la promulgation de la présente loi, un tarif tenant compte de la mortalité des victimes d'accidents et de leurs ayants droit.

Nous verrons que le débi-rentier peut se libérer de l'obligation de payer les arrérages, à la condition d'assurer le service de cette rente par des garanties déterminées par la loi et le règlement d'administration publique.

Le capital devient exigible dans certains cas prévus par la loi.

334. En principe, le crédi-rentier n'a droit qu'aux arrérages, mais il fallait prévoir le cas où, ce crédi-rentier survivant à la personne du débi-rentier, des mesures s'imposeraient pour assurer la continuation du service de la rente.

Le 3ᵉ alinéa de l'art. 28 règle cette situation.

Lorsqu'un chef d'entreprise cesse son industrie, soit volontairement, soit par décès, liquidation judiciaire ou faillite, soit par cession d'établissement, le capital représentatif des pensions à sa charge devient exigible de plein droit et sera versé à la Caisse nationale des retraites. Ce capital sera déterminé au jour de son exigibilité, d'après le tarif visé au paragraphe précédent.

Dans les cas prévus par cet article, le principe de la non-exigibilité du capital se trouve remplacé par le principe, absolument contraire, de l'exigibilité.

335. Il faut remarquer que par les mots : « décès du chef de l'entreprise », il ne faut pas entendre la disparition, par décès ou pour toute autre cause, du directeur d'une société dont la personnalité, distincte de celle du directeur lui-même, survit à ce directeur.

Le capital devient exigible toutes les fois que l'entreprise elle-même, véritable débitrice, vient à disparaître.

336. La loi ne dit rien du cas où cette situation prendrait naissance avant l'expiration du délai de revision.

Il est certain que l'obligation où est le chef d'entreprise (ou ses représentants) de verser le capital de la rente, ne peut lui faire perdre le droit de demander la revision; car il est de règle, d'après la loi nouvelle, que l'indemnité allouée n'a, pendant trois ans, qu'un caractère provisoire.

D'un autre côté, la victime d'un accident ne peut être déchue du droit limité que la loi lui accorde de demander, pendant trois ans, l'augmentation de sa rente, en cas d'aggravation du préjudice souffert.

Le capital, versé en garantie, devra être remboursé jusqu'à due concurrence dans le cas où la revision aboutirait à une réduction de la rente; il devrait, au contraire, être augmenté dans le cas où la rente serait portée à un chiffre plus élevé.

337. Ces règles s'appliquent aux rentes constituées au profit de la victime elle-même et à celles constituées au profit de ses ayants droit.

338. La loi ne dit pas non plus à qui incombe l'obligation de poursuivre l'application des mesures de garantie qu'elle organise.

C'est évidemment le crédi-rentier intéressé à la conservation de sa rente qui devra provoquer l'application de ces mesures.

Conditions du versement du capital à la Caisse des retraites.

339. Les art. 22, 23, 24 du décret relatif à l'application de l'art. 26 de la loi de 1898, réglementent les conditions de versement du capital à la Caisse nationale.

ART. 22.(R¹.) — *Lorsque le capital représentatif d'une pension est, conformément aux termes de l' art. 23 de la loi du 9 avril 1898, devenu exigible par suite de la faillite ou de la liquidation judiciaire du débiteur, le directeur général de la Caisse des dépôts et consignations représentant la Caisse nationale des retraites pour la vieillesse demande l'admission au passif pour le montant de sa créance.*

Il est procédé, dans ce cas, conformément aux dispositions des art. 491 et suivants du Code de commerce et de la loi du 4 mars 1889 sur la liquidation judiciaire.

ART. 23. — *En cas d'exigibilité du capital par suite d'une des circonstances prévues en l'art. 28 de la loi du 9 avril 1898 autre que la faillite ou la liquidation judiciaire du débiteur, le directeur général de la Caisse des dépôts et consignations, par lettre recommandée, met en demeure le débiteur ou ses représentants d'opérer, dans les deux mois qui suivront la reception de la lettre, le versement à la Caisse nationale des retraites du capital exigible, à moins qu'il ne soit justifié que les garanties prescrites par le décret du 28 février 1899, portant règle-*

ment d'administration publique en exécution de l'article 28 de la loi ci-dessus visée, ont été fournies.

Art. 24. — *Si, à l'expiration du délai de deux mois, le versement n'a pas été effectué ou les garanties exigées n'ont pas été fournies, il est procédé au recouvrement dans les mêmes conditions et suivant les formes énoncées aux art. 17 à 21 du présent décret.*

340. Ce décret organise une première procédure dans le cas de faillite ou de liquidation judiciaire, c'est-à-dire dans les cas où il est établi que le débiteur, insolvable, ne pourra faire face au payement de la rente. Le décret prévoit, en second lieu, le cas où le capital de la rente se trouve exigible, bien que le débi-rentier soit demeuré *in bonis*, et l'art. 28 prévoit que ce débi-rentier peut se soustraire au versement du capital en présentant des garanties particulières.

341. Art. 28, dernier alinéa. (Loi.) — *Toutefois, le chef d'entreprise ou ses ayants droit peuvent être exonérés du versement de ce capital, s'ils fournissent des garanties qui seront à déterminer par un règlement d'administration publique.*

Ce règlement, qu'on retrouvera aux pièces annexées, prévu par l'art. 28, a été promulgué le 28 février 1899 ; son art 1er est ainsi conçu :

Art. 1er. — *Lorsqu'un chef d'entreprise cesse son industrie dans les cas prévus par l'avant-dernier alinéa*

Moyen donné au débi-rentier de ne point verser le capital, alors même qu'il est exigible par le crédi-rentier.

de l'art. 28 de la loi du 9 avril 1898, ce chef d'entreprise ou ses ayants droit peuvent être exonérés du versement à la Caisse nationale des retraites du capital représentatif des pensions à leur charge, s'ils justifient :

1° Soit du versement de ce capital à une des sociétés visées à l'art. 18 du décret du 28 février 1899, portant règlement d'administration publique, en exécution de l'article 27 de la loi ci-dessus visée;

2° Soit de l'immatriculation d'un titre de rente pour l'usufruit au nom des titulaires de pensions, le montant de la rente devant être au moins égal à celui de la pension;

3° Soit du dépôt à la Caisse des dépôts et consignations, avec affectation à la garantie des pensions, de titres spécifiés au § 3 de l'art. 8 du décret précité. La valeur de ces titres, établie d'après le cours moyen de la Bourse de Paris au jour du dépôt, doit correspondre au chiffre maximum qu'est susceptible d'atteindre le capital constitutif exigible par la Caisse nationale des retraites. Elle peut être revisée tous les trois ans à la valeur actuelle des pensions, d'après le cours moyen des titres au jour de la revision;

4° Soit de l'affiliation du chef d'entreprise au syndicat de garantie liant solidairement tous ses membres et garantissant le payement des pensions;

5° Soit, en cas de cession d'établissement, de l'enga-

gement pris par le cessionnaire, vis-à-vis du directeur général de la Caisse des dépôts et consignations, d'acquitter les pensions dues et de rester solidairement responsable avec le chef d'entreprise.

342. L'art. 1ᵉʳ parle du versement du capital à une société d'assurances mutuelles, ou à primes fixes; ce contrat d'assurance a pu étre fait antérieurement à l'accident; le chef d'entreprise se trouve alors garanti à l'avance, et, ainsi que nous l'avons expliqué, à l'abri de toute réclamation.

L'art. 1ᵉʳ du décret dont nous nous occupons s'applique lorsque le chef d'entreprise, non assuré, veut, après l'accident, s'adresser à une compagnie pour racheter la rente dont il est débiteur. L'intérét que pourra avoir le chef d'entreprise de s'adresser à une compagnie d'assurance plutôt qu'à la Caisse des retraites pourra dépendre du taux de capitalisation qui serait admis par l'une et par l'autre.

343. Lorsque le chef d'entreprise se libère par le versement, à la Caisse nationale des retraites ou à une compagnie d'assurance, d'un capital qui assure au crédi-rentier le service de sa rente, sa situation est définitivement réglée par le sacrifice qu'il fait de son capital. Il doit, par exemple, une rente de 600 francs à un ouvrier blessé âgé de vingt-cinq ans. La Caisse des retraites lui demandera le capital représentant,

d'après ses tarifs, la valeur d'une rente de 600 francs immatriculée sur un crédi-rentier âgé de vingt-cinq ans. Ce rentier venant à décéder quelque temps après, le chef de l'entreprise n'a rien à réclamer.

344. Si, au contraire, il remet à la victime elle-même un titre de rente de 600 francs dont il se réserve la nue propriété, ou bien s'il remet à la Caisse des dépôts et consignations des titres admis par cette caisse et assurant un revenu de 600 francs, il immobilise un capital plus considérable, mais au moment du décès du crédi-rentier, il retrouvera ce capital.

Avantage pour le débi-rentier à ne fournir que les garanties.

345. Il nous paraît que ce mode de régler la situation s'imposera lorsqu'il s'agira d'une rente constituée sur la tête d'un conjoint survivant dont le jeune âge pourra faire prévoir un second mariage, ou au profit d'un ouvrier étranger qui peut être amené à quitter la France.

Pour les rentes constituées sur la tête des mineurs, ces rentes sont essentiellement temporaires, et leur durée est égale au temps qui doit s'écouler pour que le crédi-rentier atteigne seize ans révolus. Il sera donc facile de calculer le temps pendant lequel sera immobilisé le capital nécessaire au payement de la rente.

En cas de cession d'établissement industriel, l'engagement du

346. La faculté que le 5ᵉ alinéa de l'art. 1ᵉʳ du décret donne au chef d'entreprise, est particulièrement intéressante.

En cas de cession de son établissement industriel, le chef d'entreprise, débiteur de la rente, aura le plus grand intérêt à imposer dans le contrat de vente à son acquéreur l'obligation d'acquitter les pensions dont il est débiteur. Il se trouvera dispensé par ce moyen, soit d'aliéner le capital représentatif de cette rente, soit d'immobiliser les capitaux nécessaires pour en imposer le payement.

347. Le décret exige que l'engagement soit pris par le cessionnaire vis-à-vis du directeur général de la Caisse des dépôts et consignations.

On peut se demander si le même engagement, pris par le cessionnaire vis-à-vis du crédi-rentier lui-même, ne devrait pas avoir la même portée. Nous croyons que c'est avec raison que le décret exige que l'engagement soit pris vis-à-vis de la Caisse des dépôts et consignations; le débiteur primitif restant engagé, le créancier peut exercer contre lui les poursuites de la loi de 1898, et, faute de payement, il se tournera contre la Caisse des dépôts; sa situation n'est pas modifiée. La Caisse des dépôts aura un double recours contre le cédant et le cessionnaire; malgré le silence du décret, nous pensons qu'elle pourra exercer ce recours contre le cessionnaire au moyen d'une contrainte, comme elle peut l'exercer contre le cédant.

cessionnaire de payer la rente dispense de verser le capital ou de donner des garanties.

Il eût été peut-être plus juridique que l'engagement du cessionnaire fût pris vis-à-vis de la Caisse des retraites, car nous avons vu que la Caisse des dépôts n'agit que comme représentant de la Caisse des retraites.

L'engagement pris en faveur de la Caisse des dépôts profitera, en dernière analyse, à la Caisse des retraites pour le compte de laquelle le payement aurait été fait et qui serait créancière du remboursement.

AFFICHAGE DE LA LOI DANS LES ATELIERS

348. Art. 31. — *Les chefs d'entreprise sont tenus, sous peine d'une amende de un à quinze francs (1 à 15 fr.), de faire afficher dans chaque atelier la présente loi et les règlements d'administration relatifs à son exécution.*

En cas da récidive dans la même année, l'amende sera de seize à cent francs (16 à 100 fr.).

Les infractions aux dispositions des art. 11 et 31 pourront être constatées par les inspecteurs du travail.

Le législateur, pour assurer l'application de la loi de 1890, ordonne l'affichage de la loi et des décrets qui en réglementent l'exécution, dans tous les ateliers des établissements industriels soumis à son application.

Pour obéir à la disposition qui nous occupe, le

chef d'entreprise devra faire poser des affiches à la porte des ateliers ou groupes d'ateliers qui'se trouveront soumis à l'application de la loi nouvelle.

Nous avons expliqué que la loi de 1898, qui s'applique aux établissements industriels, est au contraire inapplicable aux simples ateliers.

L'art. 31 ne peut à cet égard modifier les règles d'interprétation de l'art. 1er, et le mot « atelier » ne peut être pris ici dans son sens propre et particulier.

Un entrepreneur de transport, soumis à la loi nouvelle, propriétaire d'écuries et de hangars, n'a point d'ateliers; il devra faire afficher la loi à la porte de son établissement. Si, d'une façon générale, nous désignons l'entrée de l'établissement comme étant l'endroit où les affiches devront être apposées, c'est que, par cette disposition, tous les ouvriers et employés se trouveront, soit à leur entrée, soit à leur sortie, en présence du texte de la loi.

Il n'est rien dit pour l'affichage, au cas où il s'agit de chantiers et de grands travaux exécutés; en général, l'affichage devra être fait dans le local où l'on procéde, soit à l'embauchage, soit à la paye des ouvriers.

Pour les maisons en construction, on peut se demander si l'affichage n'est point exigé sur le lieu même de la construction de l'immeuble.

En généralisant pour les chefs d'entreprise l'obligation de faire afficher la loi, nous croyons être d'accord avec l'intention du législateur; mais il faut remarquer que l'art. 31, qui sanctionne par une pénalité l'obligation de l'affichage, constitue, à ce point de vue, un texte de droit pénal qui devra être interprété d'une façon restrictive. On ne saurait considérer comme constituant une contravention, susceptible d'être relevée par les inspecteurs du travail, le non-affichage dans des locaux qui ne constitueraient pas un atelier.

La question peut présenter de l'intérêt à l'égard des compagnies de chemins de fer, qui ont, pour leur industrie, indépendamment des gares et de la voie, des ateliers de construction et de réparation de leur matériel. Pour se conformer à l'intention du législateur, la loi nouvelle et les décrets devront être affichés non seulement dans les ateliers, mais encore dans toutes les gares. Au point de vue de la contravention, il ne nous paraît pas possible qu'on puisse poursuivre, par une répression pénale, le non-affichage constaté ailleurs que dans les ateliers de cette compagnie.

Notre observation devra s'appliquer à toutes les entreprises qui pourront se trouver dans une situation semblable.

349. L'art. 33 de la loi était ainsi conçu :

La présente loi ne sera applicable que trois mois après la publication officielle des décrets d'administration publique qui doivent en régler l'exécution.

Cet article se trouve abrogé par la loi du 24 mai 1899 (art. 2) :

La loi du 9 avril 1898 ne sera appliquée qu'un mois après le jour où la caisse des accidents aura publié ses tarifs au Journal officiel et admis les industriels à contracter des polices, et où ces tarifs auront été approuvés par décret rendu sur le rapport du ministre du commerce, de l'industrie, des postes et des télégraphes, et du ministre des finances.

En aucun cas, cette prorogation ne pourra excéder le 1er juillet 1899.

350. ART. 34. — *Un règlement d'administration publique déterminera les conditions dans lesquelles la présente loi pourra être appliquée à l'Algérie et aux colonies.*

Le décret prévu par l'art. 34 n'a point encore été rendu.

RÉSUMÉ ET CONCLUSIONS

La loi de 1898 met la responsabilité des accidents nés du travail ou à l'occasion du travail, non plus à la charge de celui qui, par sa faute, a occasionné l'accident, mais à la charge de l'entreprise elle-même. Elle fait un partage, qu'elle considère comme transactionnel, de la responsabilité entre le patron et l'ouvrier, envisagés comme associés dans l'entreprise commune. Elle fixe une indemnité forfaitaire, toujours inférieure au préjudice souffert; la part de responsabilité, laissée à la charge de l'ouvrier, a pour résultat de lui faire suporter une partie du préjudice.

Cette règle nouvelle en matière de responsabilité n'a rien qui soit contraire aux principes du droit; mais la loi ne l'applique pas dans tous les contrats de louage d'ouvrage, et en réserve l'application à un certain nombre d'industries.

On a soutenu qu'une modification aux règles anciennes était devenue nécessaire par suite des transformations de l'outillage et de l'aggravation du risque professionnel.

On pourrait supposer que le législateur a voulu

choisir les industries particulièrement dangereuses et protéger, par une législation spéciale, les ouvriers de ces industries.

S'il s'est préoccupé de cette idée, il faut reconnaître que la loi n'a point atteint le but proposé, et nous allons nous en rendre compte par un exemple.

Une industrie reconnue comme présentant des risques professionnels spécialement redoutables est celle des puisatiers (prime d'assurance 9,07 pour 100 du salaire). Si le puisatier creuse un puits pour le compte d'un entrepreneur, il est régi par la loi nouvelle; s'il fait le même travail pour un particulier, il reste soumis au droit commun. Le danger est cependant le même, et on peut admettre que le travail, fait pour le compte du particulier, expose l'ouvrier à un danger professionnel plus considérable : il ne pourrait, en effet, reprocher à ce particulier une faute dans la direction du travail.

Blessé par un accident, qui serait même le résultat de sa faute, cet ouvrier aura toujours une indemnité contre l'entrepreneur; il n'en aura pour ainsi dire jamais contre le simple particulier.

La loi nouvelle ne protège donc pas tous les ouvriers contre les dangers de leur profession, et il est inadmissible que deux ouvriers, faisant le même travail, soient soumis à deux législations différentes, selon la personnalité du patron pour lequel le travail est exécuté.

Les ouvriers, occupés pour le compte d'un particulier, ne sont pas protégés par la loi nouvelle contre le risque de leur profession ; au contraire, les ouvriers qui travaillent dans une entreprise visée par la loi sont, d'après une interprétation rigoureuse du texte et en tenant compte de l'intention du législateur, protégés même contre les accidents qui n'ont aucune relation avec le risque professionnel de leur industrie.

Dans un atelier où il y a une machine à vapeur, l'ouvrier, qui se perce la main avec un foret dont il se sert loin de la machine, a droit à une indemnité, bien que le fonctionnement de la machine à vapeur soit tout à fait étranger à l'accident dû à sa maladresse.

Les uns ne sont pas protégés du tout, les autres jouissent d'une protection qu'on peut trouver excessive.

Il nous semble qu'il eût été plus juridique d'indiquer, avec précision et d'une façon limitative, les industries auxquelles on croirait devoir appliquer une législation particulière, de protéger tous les ouvriers occupés à ces industries, sans tenir compte de la personnalité de celui qui fait exécuter le travail, mais de réduire cette protection aux cas d'accidents dus au risque professionnel, spécial à l'industrie.

Nous ne pouvons malheureusement nous borner à critiquer d'une façon générale l'application fausse que fait la loi d'un principe d'ailleurs admissible. Si nous examinons les dispositions particulières de cette loi, nous sommes obligés de déclarer qu'elles ne sauraient obtenir l'approbation du monde des affaires.

Dans le but d'assurer à ceux qu'elle protège, le payement des indemnités qu'elle accorde, la loi organise tout un système de garanties qui, selon nous, devrait être supprimé.

La loi anglaise ne donne au créancier de dommages-intérêts, dus pour les accidents du travail, d'autres garanties que celles résultant de la solvabilité du patron et des contrats d'assurance, que celui-ci a volontairement pu souscrire.

L'ouvrier, libre de travailler pour tel ou tel patron, doit suivre la bonne comme la mauvaise fortune de celui qu'il a choisi; tout ce qu'il peut demander, c'est d'avoir, en cas de faillite, un privilège pour le recouvrement de sa créance.

La loi nouvelle oblige le patron, qui se retire des affaires, à verser le capital des rentes dont il est débiteur; nous craignons que cela n'absorbe et même ne dépasse les bénéfices lentement accumulés dans une industrie où, pour les petits, il devient de plus en plus difficile de vivre.

En cas d'insolvabilité des débiteurs, la loi fait payer les rentes constituées à titre d'indemnité par la Caisse nationale des retraites, qui puisera dans l'impôt les ressources dont elle aura besoin. Cette première concession, faite au socialisme, nous paraît menaçante pour l'avenir.

La loi a été faite dans l'intérêt des ouvriers, mais nous craignons qu'elle profite surtout aux maladroits et aux négligents.

L'ouvrier prudent et habile, blessé par le fait d'une machine, par une faute imputable au patron, regrettera souvent de ne pouvoir invoquer le droit commun.

Pour rendre possible l'application de la loi, on a été amené à accorder au patron certains avantages; on limite le quantum des indemnités, on supprime cette responsabilité pour les accidents n'entraînant qu'une incapacité de travail inférieure à cinq jours. Le patron aura donc souvent intérêt à invoquer contre ses ouvriers le bénéfice de la loi nouvelle.

Nous craignons cependant que cette loi ne soit mortelle pour la petite industrie et pour les établissements de création récente, qui ne pourront supporter les conséquences d'accidents contre lesquels leur propre vigilance ne saurait les défendre.

Le patron pourra, il est vrai, à l'aide du contrat

d'assurances, se mettre à l'abri des condamnations qui interviendront contre lui ; actuellement, le patron prévoyant est déjà assuré, mais les conditions nouvelles de sa responsabilité entraîneront une augmentation considérable des primes ; et il est à craindre que la charge de ces primes ne devienne trop lourde pour la petite industrie, surtout si le nombre des accidents augmente en France comme il a augmenté en Allemagne.

Cette augmentation du nombre des accidents est à prévoir ; car, en écartant l'idée de faute pour établir la responsabilité, et en assurant une indemnité, quelle que soit la cause de l'accident, la loi diminue chez l'ouvrier le soin de sa propre sécurité, et chez le patron la préoccupation de se soustraire à la responsabilité, en garantissant davantage la sécurité de ses ouvriers.

Le législateur a cru faire une loi d'apaisement social ; pour éviter les procès, on a jugé bon d'écarter l'intervention des jurisconsultes ; on a voulu substituer l'équité au droit ; on s'apercevra peut-être, une fois de plus, que l'oubli des règles du droit conduit forcément à l'arbitraire.

Ce que nous avons dit sur les procès possibles, sur l'avantage qu'aura bien souvent la victime d'un accident à prolonger le désaccord avec le chef d'entreprise, l'impossibilité pour les parties, même après l'accident, de transiger sans l'intervention du juge, tout cela nous fait redouter que les procès ne diminuent pas.

Refuser une indemnité à l'enfant mineur de seize ans, écarter l'ascendant par la présence d'un petit-fils qui, à seize ans, sera lui-même sans ressources, donner à l'ouvrier victime d'une faute imputable au patron une indemnité de moitié du préjudice souffert, pour accorder la même indemnité à l'ouvrier maladroit ou inattentif, nous ne pouvons admettre que ce soient des solutions équitables. Le principe que chacun est responsable de sa faute nous paraît, pour le moins, aussi conforme à l'équité.

Au moment où nous écrivons ces lignes, un mouvement considérable se produit, au nom des patrons et au nom des ouvriers, pour protester contre l'application prochaine de la loi. Le gouvernement lui-même annonce de nouvelles mesures.

Le procédé le plus radical, et peut-être le meilleur, serait une abrogation pure et simple qui donnerait satisfaction à tout le monde.

Il faudrait, dans une loi nouvelle, chercher une transaction entre le principe nouveau de la loi de 1898 et la théorie équitable et juridique de la faute, admise par le droit commun.

L'accident, imputable à la faute du patron, entraînerait à sa charge une responsabilité complète, et la victime devrait obtenir une indemnité égale au préjudice. L'ouvrier, victime d'un accident imputable à sa propre faute, n'aurait droit à aucune indemnité. Ce serait pour l'un et pour l'autre le maintien du droit commun.

Il faudrait appliquer aux accidents provenant de cas fortuits ou même de force majeure le principe nouveau, qui met la responsabilité à la charge de l'entreprise, et faire supporter le préjudice à la fois par le patron et par l'ouvrier.

Les statistiques établissent que les accidents de cette nature représentent plus de 50 pour 100 sur le total des accidents d'une industrie déterminée; l'ouvrier aurait donc, en vertu de la loi, une indemnité, là où elle lui était refusée par les règles trop dures du droit commun. On éviterait de faire supporter à l'ouvrier les conséquences d'une faute imputable au patron, et on ne laisserait pas à la charge de l'entreprise les conséquences de la faute de l'ouvrier.

Si on objecte que des procès pourraient naître pour déterminer les causes de l'accident, on peut répondre que les procès sont toujours à craindre; la bonne foi des parties peut seule les éviter, et la loi de 1898 ne les fera pas disparaître.

Si on ne veut pas s'écarter de la théorie nouvelle admise en 1898, il faut alors reprendre le principe posé par la loi, déterminer à quelles industries elle devra s'appliquer, modifier, sinon supprimer les garanties qu'elle organise, revoir les procédures qu'elle applique et chercher, dans des textes plus simples, des solutions plus équitables.

Les auteurs de la loi se décideront sans doute difficilement à une refonte aussi complète de leur œuvre. La jurisprudence, sans attendre des textes nouveaux, pourra peut-être amener d'utiles améliorations, et le législateur semble avoir compté sur l'intervention des tribunaux pour concilier, par interprétation, le texte de la loi et les nécessités pratiques. Nous avons, en présence du texte, donné les solutions qui s'imposent à la doctrine ; on sait que, dans bien des matières, la jurisprudence fait parfois fléchir les principes absolus du droit, et il est fréquent de voir opposer les solutions qu'elle admet aux théories de la doctrine.

Nous pouvons indiquer ici différents points sur lesquels on serait heureux de voir intervenir l'autorité bienfaisante des pouvoirs judiciaires.

Pour éviter les inconvénients que nous avons signalés et qui résultent de la disposition de l'art. 16, savoir le maintien de l'allocation journalière au delà de l'incapacité temporaire et pendant toute la durée des procès, la jurisprudence pourra peut-être, limitant la portée de l'art. 16 par les termes de l'art. 3, décider que l'indemnité temporaire cessera d'être due dès que le caractère permanent de l'incapacité de travail, produite par l'accident, aura été reconnu. Le droit pour le tribunal d'accorder une provision, en cas de responsabilité établie, pourra assurer des ressources à la victime jusqu'au règlement de sa pension. Cette jurisprudence pourrait s'appuyer sur les termes précis de l'art. 3, qui n'accordent l'indemnité journalière que dans le cas d'incapacité temporaire.

Un inconvénient peut-être plus considérable résulte du mode de calcul adopté par le législateur, pour déterminer les indemnités dues en cas d'incapacité permanente partielle. — Le texte de l'art. 3 dit que cette indemnité consistera « en une rente égale « à la moitié de la réduction que l'accident aura fait « subir au salaire ». Pour établir la comparaison entre le salaire avant et après l'accident, la jurisprudence, s'autorisant de ce qui est, à l'heure actuelle, la règle absolue de ses décisions, pourra comparer le salaire avant l'accident au salaire que la victime paraîtra pouvoir obtenir, malgré l'incapacité relative résultant de son infirmité.

Nous avons, d'accord avec les travaux préparatoires, d'accord aussi avec les interprètes autorisés
de la loi, réduit quant aux personnes l'application
de ces dispositions. Tout le monde admet que tous
les ouvriers d'une industrie déterminée ne sont pas
soumis à la loi de 1898. Nous avons cité les employés du contentieux ou du service des titres dans
une compagnie de chemins de fer. On admet également que les ouvriers agricoles peuvent invoquer la
loi nouvelle dans le cas seulement où ils sont victimes
d'accidents causés par une machine ou par une force
autre que celle de l'homme ou des animaux.

Il nous semble que l'application de la loi, restreinte
quant aux personnes, pourrait l'être également,
quant aux accidents donnant naissance à une indemnité. La jurisprudence, ayant à interpréter les mots
« accidents par le fait ou à l'occasion du travail »,
pourra écarter tous les accidents qui ne seraient
point la conséquence du risque professionnel, attaché au travail que la loi a voulu protéger.

Par exemple, l'employé d'une distillerie, chargé,
dans un local particulier, de l'emballage des bou-
teilles, vient-il, en clouant une caisse, à se faire à la
main une blessure, la jurisprudence ne pourra-t-elle
pas écarter sa réclamation basée sur la loi de 1898?
L'accident, dont il a été victime, n'a aucun rapport

avec le danger résultant de la présence des générateurs qui ont placé l'industrie du distillateur dans la catégorie des établissements visés.

Ces interprétations, peut-être audacieuses, du texte de la loi, pourraient s'inspirer du principe qu'on doit plutôt restreindre qu'étendre la portée d'une loi d'exception.

Au contraire, une modification législative serait nécessaire pour dispenser le chef d'entreprise de déclarer l'accident qui n'entraînerait pas une incapacité de travail de plus de vingt jours, et pour imposer au juge de paix de faire son enquête à la suite de semblables accidents.

La pratique regrettera, à cet égard, la disposition de l'art. 16 du projet voté par la Chambre le 10 juillet 1888.

Le législateur, seul, peut donner au président du tribunal, en cas de non-conciliation, la mission de faire en faveur du demandeur les désignations d'office de l'assistance judiciaire.

Il faut une loi pour enlever aux représentants de l'ouvrier étranger le droit à une indemnité au cas où il cesserait de résider en France.

Il en faut une également, que tout le monde devrait appeler, pour donner aux parties le droit de transiger librement après l'accident.

Ce n'est point une disposition sage de considérer toute une catégorie de citoyens comme des incapables qu'il faut protéger malgré eux. L'expérience nous montre déjà que la réglementation du travail, faite contre le patron pour la classe ouvrière, tourne contre l'ouvrier qui proteste et réclame. Les chantiers français, envahis par les ouvriers étrangers, finiront par se fermer tout à fait au père de famille qui, pour être trop protégé, ne pourra plus travailler.

La loi du 24 mai 1899, en étendant les opérations de la Caisse nationale d'assurances en cas d'accidents, a donné certaines facilités aux patrons. Les tarifs fixés par le décret du 26 mai suivant leur permettent de s'assurer à des conditions plus douces que celles imposées par les compagnies ordinaires. Mais il faut remarquer que, d'après la note qui accompagne le décret, la Caisse nationale d'assurance ne peut faire que des polices annuelles. D'après le § 3 de l'art. 1er de la loi du 24 mai, « les primes « doivent être calculées de manière que le risque et « les frais généraux d'administration de la caisse « soient entièrement couverts, sans qu'il soit néces- « saire de recourir à la subvention prévue par la loi « du 11 juillet 1868 ».

L'expérience seule pourra faire connaître s'il ne

deviendra pas nécessaire d'augmenter ces tarifs pour assurer le payement des indemnités.

L'intervention de la Caisse nationale d'assurance peut apparaître comme un acheminement vers l'assurance obligatoire; nous avons expliqué que rendre l'assurance obligatoire serait ajouter un défaut de plus à la loi.

Nous croyons n'être démentis par personne, même par les auteurs de la loi de 1898, si nous disons que cette loi est mal faite. Nous ne craignons pas d'ajouter que cette loi est mauvaise.

L'ouvrier victime d'un accident qui engagerait la responsabilité du patron se plaindra de ne recevoir qu'une indemnité incomplète. L'ouvrier qui, ne pouvant invoquer la loi nouvelle, supportera les conséquences d'un accident survenu par sa faute, criera à l'injustice en voyant un camarade plus heureux, victime d'un accident semblable, recevoir une rente.

Tel est le résultat le plus certain et le plus immédiat d'une loi qu'on a appelée une loi d'apaisement social.

PIÈCES JUSTIFICATIVES

*LOI concernant les responsabilités des accidents dont les ou-
vriers sont victimes dans leur travail, du 9 avril 1898.
(Promulguée au « Journal officiel » du 10 avril 1898.)*

Le Sénat et la Chambre des députés ont adopté ;
Le Président de la République promulgue la loi dont la
teneur suit :

TITRE PREMIER

Indemnité en cas d'accidents.

Article premier. — Les accidents survenus par le fait du
travail, ou à l'occasion du travail, aux ouvriers et employés
occupés dans l'industrie du bâtiment, les usines, manufactures, chantiers, les entreprises de transport par terre et
par eau, de chargement et de déchargement, les magasins
publics, mines, minières, carrières, et en outre dans toute
exploitation ou partie d'exploitation dans laquelle sont
fabriquées ou mises en œuvre des matières explosives, ou
dans laquelle il est fait usage d'une machine mue par une
force autre que celle de l'homme ou des animaux, donnent
droit, au profit de la victime ou de ses représentants, à
une indemnité à la charge du chef d'entreprise, à la condition que l'interruption de travail ait duré plus de quatre
jours.

Les ouvriers qui travaillent seuls d'ordinaire ne pourront

être assujettis à la présente loi par le fait de la collaboration accidentelle d'un ou de plusieurs de leurs camarades.

Art. 2. — Les ouvriers et employés désignés à l'article
précédent ne peuvent se prévaloir, à raison des accidents
dont ils sont victimes dans leur travail, d'aucunes dispositions autres que celles de la présente loi.

Ceux dont le salaire annuel dépasse deux mille quatre
cents francs (2.400 francs) ne bénéficient de ces dispositions
que jusqu'à concurrence de cette somme. Pour le surplus,
ils n'ont droit qu'au quart des rentes ou indemnités stipulées à l'art. 3, à moins de conventions contraires quant au
chiffre de la quotité.

Art. 3. — Dans les cas prévus à l'article premier, l'ouvrier ou l'employé a droit :

Pour l'incapacité absolue et permanente, à une rente,
égale aux deux tiers de son salaire annuel ;

Pour l'incapacité partielle et permanente, à une rente
égale à la moitié de la réduction que l'accident aura fait
subir au salaire.

Pour l'incapacité temporaire, à une indemnité journalière égale à la moitié du salaire touché au moment de
l'accident, si l'incapacité de travail a duré plus de quatre
jours et à partir du cinquième jour.

Lorsque l'accident est suivi de mort, une pension est
servie aux personnes ci-après désignées, à partir du décès,
dans les conditions suivantes :

A. Une rente viagère égale à 20 pour 100 du salaire
annuel de la victime pour le conjoint survivant non divorcé
ou séparé de corps, à la condition que le mariage ait été
contracté antérieurement à l'accident.

En cas de nouveau mariage, le conjoint cesse d'avoir
droit à la rente mentionnée ci-dessus : il lui sera alloué,
dans ce cas, le triple de cette rente à titre d'indemnité
totale.

B. Pour les enfants, légitimes ou naturels, reconnus

avant l'accident, orphelins de père ou de mère, âgés de moins de seize ans, une rente calculée sur le salaire annuel de la victime à raison de 15 pour 100 de ce salaire s'il n'y a qu'un enfant, de 25 pour 100 s'il y en a deux, de 35 pour 100 s'il y en a trois et 40 pour 100 s'il y en a quatre ou un plus grand nombre.

Pour les enfants, orphelins de père et de mère, la rente est portée pour chacun d'eux à 20 pour 100 du salaire.

L'ensemble de ces rentes ne peut, dans le premier cas, dépasser 40 pour 100 du salaire ni 60 pour 100 dans le second.

C. Si la victime n'a ni conjoint, ni enfant dans les termes des paragraphes A et B, chacun des ascendants et descendants qui était à sa charge recevra une rente, viagère pour les ascendants et payable jusqu'à seize ans pour les descendants. Cette rente sera égale à 10 pour 100 du salaire annuel de la victime, sans que le montant total des rentes ainsi allouées puisse dépasser 30 pour 100.

Chacune des rentes prévues par le paragraphe C est, le cas échéant, réduite proportionnellement.

Les rentes constituées en vertu de la présente loi sont payables par trimestre ; elles sont incessibles et insaisissables.

Les ouvriers étrangers, victimes d'accidents, qui cesseront de résider sur le territoire français recevront, pour toute indemnité, un capital égal à trois fois la rente qui leur avait été allouée.

Les représentants d'un ouvrier étranger ne recevront aucune indemnité si, au moment de l'accident, ils ne résidaient pas sur le territoire français.

Art. 4. — Le chef d'entreprise supporte en outre les frais médicaux et pharmaceutiques et les frais funéraires. Ces derniers sont évalués à la somme de cent francs (100 fr.) au maximum.

Quant aux frais médicaux et pharmaceutiques, si la victime a fait choix elle-même de son médecin, le chef d'entreprise ne peut être tenu que jusqu'à concurrence de la somme fixée par le juge de paix du canton, conformément aux tarifs adoptés dans chaque département pour l'assistance médicale gratuite.

Art. 5. — Les chefs d'entreprise peuvent se décharger pendant les trente, soixante ou quatre-vingt-dix premiers jours à partir de l'accident, de l'obligation de payer aux victimes les frais de maladie et l'indemnité temporaire, ou une partie seulement de cette indemnité, comme il est spécifié ci-après, s'ils justifient :

1° Qu'ils ont affilié leurs ouvriers à des Sociétés de secours mutuels et pris à leur charge une quote-part de la cotisation qui aura été déterminée d'un commun accord, et en se conformant aux statuts-type approuvés par le ministre compétent, mais qui ne devra pas être inférieure au tiers de cette cotisation ;

2° Que ces sociétés assurent à leurs membres, en cas de blessures, pendant trente, soixante ou quatre-vingt-dix jours, les soins médicaux et pharmaceutiques et une indemnité journalière.

Si l'indemnité journalière servie par la société est inférieure à la moitié du salaire quotidien de la victime, le chef d'entreprise est tenu de lui verser la différence.

Art. 6. — Les exploitants de mines, minières et carrières peuvent se décharger des frais et indemnités mentionnés à l'article précédent moyennant une subvention annuelle versée aux caisses ou sociétés de secours constituées dans ces entreprises en vertu de la loi du 29 juin 1894.

Le montant et les conditions de cette subvention devront être acceptés par la société et approuvés par le ministre des travaux publics.

Ces deux dispositions seront applicables à tous autres chefs d'industrie qui auront créé en faveur de leurs ouvriers des caisses particulières de secours en conformité du titre III de la loi du 29 juin 1894. L'approbation prévue ci-dessus sera, en ce qui les concerne, donnée par le ministre du commerce et de l'industrie.

Art. 7. — Indépendamment de l'action résultant de la présente loi, la victime ou ses représentants conservent, contre les auteurs de l'accident autres que le patron ou ses ouvriers et préposés, le droit de réclamer la réparation du préjudice causé, conformément aux règles du droit commun.

L'indemnité qui leur sera allouée exonérera à due concurrence le chef d'entreprise des obligations mises à sa charge.

Cette action contre les tiers responsables pourra même être exercée par le chef d'entreprise, à ses risques et périls, au lieu et place de la victime ou de ses ayants droit, si ceux-ci négligent d'en faire usage.

Art. 8. — Le salaire qui servira de base à la fixation de l'indemnité allouée à l'ouvrier âgé de moins de seize ans ou à l'apprenti victime d'un accident ne sera pas inférieur au salaire le plus bas des ouvriers valides de la même catégorie occupés dans l'entreprise.

Toutefois, dans le cas d'incapacité temporaire, l'indemnité de l'ouvrier âgé de moins de seize ans ne pourra pas dépasser le montant de son salaire.

Art. 9. — Lors du règlement définitif de la rente viagère, après le délai de revision prévu à l'article 19, la victime peut demander que le quart au plus du capital nécessaire à l'établissement de cette rente, calculé d'après les tarifs dressés pour les victimes d'accidents par la Caisse des retraites pour la vieillesse, lui soit attribué en espèces.

Elle peut aussi demander que ce capital, ou ce capital réduit du quart au plus comme il vient d'être dit, serve à constituer sur sa tête une rente viagère réversible, pour moitié au plus, sur la tête de son conjoint. Dans ce cas, la rente viagère sera diminuée de façon qu'il ne résulte de la réversibilité aucune augmentation de charges pour le chef d'entreprise.

Le tribunal, en chambre du conseil, statuera sur ces demandes.

Art. 19. — Le salaire servant de base à la fixation des rentes s'entend, pour l'ouvrier occupé dans l'entreprise pendant les douze mois écoulés avant l'accident, de la rémunération effective qui lui a été allouée pendant ce temps, soit en argent, soit en nature.

Pour les ouvriers occupés pendant moins de douze mois avant l'accident, il doit s'entendre de la rémunération effective qu'ils ont reçue, depuis leur entrée dans l'entreprise, augmentée de la rémunération moyenne qu'ont reçue, pendant la période nécessaire pour compléter les douze mois, les ouvriers de la même catégorie.

Si le travail n'est pas continu, le salaire annuel est calculé tant d'après la rémunération reçue pendant la période d'activité que d'après le gain de l'ouvrier pendant le reste de l'année.

TITRE II

Déclaration des accidents et enquête.

Art. 11. — Tout accident ayant occasionné une incapacité de travail doit être déclaré, dans les quarante-huit heures, par le chef d'entreprise ou ses préposés, au maire de la commune qui en dresse procès-verbal.

Cette déclaration doit contenir les noms et adresses des témoins de l'accident. Il y est joint un certificat de médecin indiquant l'état de la victime, les suites probables de l'accident et l'époque à laquelle il sera possible d'en reconnaitre le résultat définitif.

La même déclaration pourra être faite par la victime ou ses représentants.

Récépissé de la déclaration et du certificat du médecin est remis par le maire au déclarant.

Avis de l'accident est donné immédiatement par le maire à l'inspecteur divisionnaire ou départemental du travail ou à l'ingénieur ordinaire des mines chargé de la surveillance de l'entreprise.

L'art. 15 de la loi du 2 novembre 1892 et l'art. 11 de la loi du 12 juin 1893 cessent d'être applicables dans les cas visés par la présente loi.

Art. 12. — Lorsque, d'après le certificat médical, la blessure parait devoir entrainer la mort ou une incapacité permanente absolue ou partielle de travail, le maire transmet immédiatement copie de déclaration et le certificat médical au juge de paix du canton où l'accident s'est produit.

Dans les vingt-quatre heures de la réception de cet avis, le juge de paix procède à une enquête à l'effet de rechercher :

1º La cause, la nature et les circonstances de l'accident;

2º Les personnes victimes et le lieu où elles se trouvent;

3º La nature des lésions;

4º Les ayants droit pouvant, le cas échéant, prétendre à une indemnité;

5º Le salaire quotidien et le salaire annuel des victimes.

Art. 13. — L'enquête a lieu contradictoirement dans les formes prescrites par les art. 35, 36, 37, 38 et 39 du Code de procédure civile, en présence des parties intéressées ou celles-ci convoquées d'urgence par lettre recommandée.

Le juge de paix doit se transporter auprès de la victime de l'accident qui se trouve dans l'impossibilité d'assister à l'enquête.

Lorsque le certificat médical ne lui paraîtra pas suffisant, le juge de paix pourra désigner un médecin pour examiner le blessé.

Il peut aussi commettre un expert pour l'assister dans l'enquête.

Il n'y a pas lieu, toutefois, à nomination d'expert dans les entreprises administrativement surveillées, ni dans celles de l'État placées sous le contrôle d'un service distinct du service de gestion, ni dans les établissements nationaux où s'effectuent des travaux que la sécurité publique oblige à tenir secrets. Dans ces divers cas, les fonctionnaires chargés de la surveillance ou du contrôle de ces établissements ou entreprises, et, en ce qui concerne les exploitations minières, les délégués à la sécurité des ouvriers mineurs, transmettent au juge de paix, pour être joint au procès-verbal d'enquête, un exemplaire de leur rapport.

Sauf les cas d'impossibilité matérielle dûment constatés dans le procès-verbal, l'enquête doit être close dans le plus bref délai et, au plus tard, dans les dix jours à partir de l'accident. Le juge de paix avertit, par lettre recommandée, les parties de la clôture de l'enquête et du dépôt de la minute au greffe, où elles pourront, pendant un délai de cinq jours, en prendre connaissance et s'en faire délivrer une expédition, affranchie du timbre et de l'enregistrement. A l'expiration de ce délai de cinq jours, le dossier de l'enquête est transmis au président du tribunal civil de l'arrondissement.

Art. 14. — Sont punis d'une amende de un à quinze francs (1 à 15 fr.) les chefs d'industrie ou leurs préposés qui ont contrevenu aux dispositions de l'art. 11.

En cas de récidive dans l'année, l'amende peut être élevée de seize à trois cents francs (16 à 300 fr.).

L'art. 463 du Code pénal est applicable aux contraventions prévues par le présent article.

TITRE III

Compétence. — Juridictions. — Procédure. — Revision.

Art. 15. — Les contestations entre les victimes d'accidents et les chefs d'entreprise, relatives aux frais funéraires, aux frais de maladie ou aux indemnités temporaires, sont jugées en dernier ressort par le juge de paix du canton où l'accident s'est produit, à quelque chiffre que la demande puisse s'élever.

Art. 16. — En ce qui touche les autres indemnités prévues par la présente loi, le président du tribunal de l'arrondissement convoque, dans les cinq jours, à partir de la transmission du dossier, la victime ou ses ayants droit et le chef d'entreprise, qui peut se faire représenter.

S'il y a accord des parties intéressées, l'indemnité est définitivement fixée par l'ordonnance du président, qui donne acte de cet accord.

Si l'accord n'a pas lieu, l'affaire est renvoyée devant le tribunal, qui statue comme en matière sommaire, conformément au titre XXIV du livre II du Code de procédure civile.

Si la cause n'est pas en état, le tribunal sursoit à statuer, et l'indemnité temporaire continuera à être servie jusqu'à la décision définitive.

Le tribunal pourra condamner le chef d'entreprise à payer une provision; sa décision sur ce point sera exécutoire nonobstant appel.

Art. 17. — Les jugements rendus en vertu de la présente loi sont susceptibles d'appel selon les règles du droit commun. Toutefois, l'appel devra être interjeté dans les quinze jours de la date du jugement s'il est contradictoire et, s'il est par défaut, dans la quinzaine à partir du jour où l'opposition ne sera plus recevable.

L'opposition ne sera plus recevable, en cas de jugement par défaut contre partie, lorsque le jugement aura été signifié à personne, passé le délai de quinze jours à partir de cette signification.

La Cour statuera d'urgence dans le mois de l'acte d'appel. Les parties pourront se pourvoir en cassation.

ART. 18. — L'action en indemnité prévue par la présente loi se prescrit par un an à dater du jour de l'accident.

ART. 19. — La demande en revision de l'indemnité fondée sur une aggravation ou une atténuation de l'infirmité de la victime ou son décès par suite des conséquences de l'accident, est ouverte pendant trois ans à dater de l'accord intervenu entre les parties ou la décision définitive.

Le titre de pension n'est remis à la victime qu'à l'expiration des trois ans.

ART. 20. — Aucune des indemnités déterminées par la présente loi ne peut être attribuée à la victime qui a intentionnellement provoqué l'accident.

Le tribunal a le droit, s'il est prouvé que l'accident est dû à une faute irrécusable de l'ouvrier, de diminuer la pension fixée au titre premier.

Lorsqu'il est prouvé que l'accident est dû à la faute inexcusable du patron ou de ceux qu'il s'est substitués dans la direction, l'indemnité pourra être majorée, mais sans que la rente ou le total des rentes allouées puisse dépasser soit la réduction, soit le montant du salaire annuel.

ART. 21. — Les parties peuvent toujours, après détermination du chiffre de l'indemnité due à la victime de l'accident, décider que le service de la pension sera suspendu et remplacé, tant que l'accord subsistera, par tout autre mode de réparation.

Sauf dans le cas prévu à l'article 3, paragraphe A, la pension ne pourra être remplacée par le payement d'un capital que si elle n'est pas supérieure à 100 francs.

Art. 22. — Le bénéfice de l'assistance judiciaire est accordé de plein droit, sur le visa du procureur de la République, à la victime de l'accident ou à ses ayants droit, devant le tribunal.

À cet effet, le président du tribunal adresse au procureur de la République, dans les trois jours de la comparution des parties prévue par l'art. 16, un extrait de son procès-verbal de non-conciliation ; il y joint les pièces de l'affaire.

Le procureur de la République procède comme il est prescrit à l'art. 13 (paragraphes 2 et suivants) de la loi du 22 janvier 1851.

Le bénéfice de l'assistance judiciaire s'étend de plein droit aux instances devant le juge de paix, à tous les actes d'exécution mobilière et immobilière, et à toute contestation incidente à l'exécution des décisions judiciaires.

TITRE IV

Garanties.

Art. 23. — La créance de la victime de l'accident ou de ses ayants droit relative aux frais médicaux, pharmaceutiques et funéraires, ainsi qu'aux indemnités allouées à la suite de l'incapacité temporaire de travail, est garantie par le privilège de l'art. 2101 du Code civil et y sera inscrite sous le n° 6.

Le payement des indemnités pour incapacité permanente de travail ou accidents suivis de mort est garanti conformément aux dispositions des articles suivants.

Art. 24. — A défaut, soit par les chefs d'entreprise débiteurs, soit par les sociétés d'assurances à primes fixes ou mutuelles, ou les syndicats de garantie liant solidairement tous leurs adhérents, de s'acquitter, au moment de leur exigibilité, des indemnités mises à leur charge à la suite d'accidents ayant entraîné la mort ou une incapacité permanente de travail, le payement en sera assuré aux intéressés par les soins de la Caisse nationale des retraites pour la vieillesse, au moyen d'un fonds spécial de garantie constitué comme il va être dit et dont la gestion sera confiée à ladite caisse.

ART. 25. — Pour la constitution du fonds spécial de garantie, il sera ajouté au principal de la contribution des patentes des industriels visés par l'article premier, quatre centimes (0 fr. 04) additionnels. Il sera perçu sur les mines une taxe de cinq centimes (0 fr. 05) par hectare concédé.

Ces taxes pouront, suivant les besoins, être majorées ou réduites par la loi de finances.

ART. 26. — La Caisse nationale des retraites exercera un recours contre les chefs d'entreprise débiteurs, pour le compte desquels des sommes auront été payées par elle, conformément aux dispositions qui précèdent.

En cas d'assurance du chef d'entreprise, elle jouira, pour le remboursement de ses avances, du privilège de l'article 2102 du Code civil sur l'indemnité due par l'assureur et n'aura plus de recours contre le chef d'entreprise.

Un règlement d'administration publique déterminera les conditions d'organisation et de fonctionnement du service conféré par les dispositions précédentes à la Caisse nationale des retraites et, notamment, les formes du recours à exercer contre les chefs d'entreprise débiteurs ou les sociétés d'assurances et les syndicats de garantie, ainsi que les conditions dans lesquelles les victimes d'accidents ou leurs ayants droit seront admis à réclamer à la Caisse le payement de leurs indemnités.

Les décisions judiciaires n'emporteront hypothèque que si elles sont rendues au profit de la Caisse des retraites exerçant son recours contre les chefs d'entreprise ou les compagnies d'assurances.

Art. 27. — Les compagnies d'assurances mutuelles ou à primes fixes contre les accidents, françaises ou étrangères, sont soumises à la surveillance et au contrôle de l'État et astreintes à constituer des réserves ou cautionnements dans les conditions déterminées par un règlement d'administration publique. .

Le montant des réserves ou cautionnements sera affecté par privilège au payement des pensions et indemnités.

Les syndicats de garantie seront soumis à la même surveillance, et un règlement d'administration publique déterminera les conditions de leur création et de leur fonctionnement.

Les frais de toute nature résultant de la surveillance et du contrôle seront couverts au moyen de contributions proportionnelles au montant des réserves ou cautionnements, et fixés annuellement, pour chaque compagnie ou association, par arrêté du ministre du commerce.

Art. 28. — Le versement du capital représentatif des pensions allouées en vertu de la présente loi ne peut être exigé des débiteurs.

Toutefois les débiteurs qui désireront se libérer en une fois pourront verser le capital représentatif de ces pensions à la Caisse nationale des retraites, qui établira à cet effet, dans les six moix de la promulgation de la présente loi, un tarif tenant compte de la mortalité des victimes d'accidents et de leurs ayants droit.

Lorsqu'un chef d'entreprise cesse son industrie, soit volontairement, soit par décès, liquidation judiciaire ou faillite, soit par cession d'établissement, le capital représentatif des pensions à sa charge devient exigible de plein droit et sera versé à la Caisse nationale des retraites. Ce capital sera déterminé au jour de son exigibilité, d'après le tarif visé au paragraphe précédent.

Toutefois, le chef d'entreprise ou ses ayants droit peuvent être exonérés du versement de ce capital, s'ils fournissent des garanties qui seront à déterminer par un règlement d'administration publique.

TITRE V

Dispositions générales.

Art. 29. — Les procès-verbaux, certificats, actes de notoriété, significations, jugements et autres actes faits ou rendus en vertu et pour l'exécution de la présente loi, sont délivrés gratuitement, visés pour timbre et enregistrés gratis lorsqu'il y a lieu à la formalité de l'enregistrement.

Dans les six mois de la promulgation de la présente loi, un décret déterminera les émoluments des greffiers de justice de paix pour leur assistance et la rédaction des actes de notoriété, procès-verbaux, certificats, significations, jugements, envois de lettres recommandées, extraits, dépôts de la minute d'enquête au greffe, et pour tous les actes nécessités par l'application de la présente loi, ainsi que les frais de transport auprès des victimes et d'enquête sur place.

Art. 30. — Toute convention contraire à la présente loi est nulle de plein droit.

Art. 31. — Les chefs d'entreprise sont tenus, sous peine d'une amende de un à quinze francs (1 à 15 fr.), de faire afficher dans chaque atelier la présente loi et les règlements d'administration relatifs à son exécution.

En cas de récidive dans la même année, l'amende sera de seize à cent francs (16 à 100 fr.).

Les infractions aux dispositions des art. 11 et 31 pourront être constatées par les inspecteurs du travail.

Art. 32. — Il n'est point dérogé aux lois, ordonnances et règlements concernant les pensions des ouvriers, apprentis et journaliers appartenant aux ateliers de la marine et celles des ouvriers immatriculés des manufactures d'armes dépendant du ministère de la guerre.

ART. 33. — La présente loi ne sera applicable que trois mois après la publication officielle des décrets d'administration publique qui doivent en régler l'exécution.

ART. 34. — Un règlement d'administration publique déterminera les conditions dans lesquelles la présente loi pourra être appliquée à l'Algérie et aux colonies.

La présente loi, délibérée et adoptée par le Sénat et par la Chambre des députés, sera exécutée comme loi de l'État.

DÉCRET portant règlement d'administration publique pour l'exécution de l'article 27 de la loi du 9 avril 1898, concernant les responsabilités des accidents dont les ouvriers sont victimes dans leur travail, du 28 février 1899. (Promulgué au « Journal officiel » du 1ᵉʳ mars 1899.)

LE PRÉSIDENT DE LA RÉPUBLIQUE FRANÇAISE,

Sur le rapport du ministre du commerce, de l'industrie, des postes et des télégraphes;

Vu l'avis du ministre des finances, en date du 5 décembre 1898;

Vu la loi du 9 avril 1898 et notamment l'art. 27 ainsi conçu :

« Les compagnies d'assurances mutuelles ou à primes fixes contre les accidents, françaises ou étrangères, sont soumises à la surveillance et au contrôle de l'État et astreintes à constituer des réserves ou cautionnements dans les conditions déterminées par un règlement d'administration publique.

« Le montant des réserves ou cautionnements sera affecté par privilège au payement des pensions et indemnités.

« Les syndicats de garantie seront soumis à la même surveillance, et un règlement d'administration publique déterminera les conditions de leur création et de leur fonctionnement.

« Les frais de toute nature résultant de la surveillance et du contrôle seront couverts au moyen de contributions proportionnelles au montant des réserves ou cautionnements et fixés annuellement, pour chaque compagnie ou association, par arrêté du ministre du commerce. »

Vu le décret du 22 janvier 1868, portant règlement d'administration publique pour la constitution des sociétés d'assurances ;

Le Conseil d'État entendu,

Décrète :

TITRE PEMIER

Sociétés d'assurances mutuelles ou à primes fixes.

CHAPITRE PREMIER

CAUTIONNEMENTS ET RÉSERVES.

Art. 1er. — Toutes les sociétés qui pratiquent, dans les termes de la loi du 9 avril 1898, l'assurance mutuelle ou à primes fixes contre le risque des accidents de travail ayant entraîné la mort ou une incapacité permanente sont astreintes, pour ce risque, aux dispositions du présent titre.

Art. 2. — Indépendamment des garanties spécifiées aux art. 2 et 4 du décret du 22 janvier 1868 et de la réserve mathématique, les sociétés anonymes d'assurances françaises ou étrangères à primes fixes doivent justifier de la constitution préalable d'un cautionnement fixé d'après les bases que détermine le ministre, sur l'avis du comité consultatif prévu à l'art. 16 ci-après, et affecté, par privilège, au payement des pensions et indemnités, conformément à l'art. 27 de la loi.

Art. 3. — Le cautionnement est constitué, dans les quinze jours de la notification de la décision du ministre, à la Caisse des dépôts et consignations en valeurs énumérées au troisième paragraphe de l'art. 8 ci-dessous. Il est revisé chaque année. Les titres sont estimés au cours moyen de la Bourse de Paris au jour du dépôt.

Art. 4. — Le cautionnement est versé au lieu où la société a son siège principal, dans les conditions déterminées par les lois et règlements en vigueur sur la consignation des valeurs mobilières.

Les intérêts des valeurs déposées peuvent être retirés par la société. Il en est de même, en cas de remboursement des titres avec primes ou lots, de la différence entre le prix de remboursement et le cours moyen à la Bourse de Paris, au jour fixé pour le remboursement, de la valeur sortie au tirage.

Le montant des remboursements, déduction faite de cette différence, doit être immédiatement remployé en achat de valeurs visées au troisième paragraphe de l'article 8, sur l'ordre de la société, ou d'office en rentes sur l'État, si la société n'a pas donné d'ordres dans les quinze jours de la notification de remboursement faite, sous pli recommandé, par la Caisse des dépôts et consignations.

Il en est de même pour les fonds provenant d'aliénations de titres demandées par la société.

Art. 5. — Les valeurs déposées ou les valeurs acquises en remploi de ces valeurs ne peuvent être retirées que : 1° dans le cas où le cautionnement exigible a été fixé, pour l'année courante, à un chiffre inférieur à celui de

l'année précédente et jusqu'à concurrence de la différence; 2° dans le cas où la société ayant versé à la caisse
nationale des retraites les capitaux constitutifs des rentes
et indemnités assurées justifie qu'elle a complètement
rempli toutes ses obligations. Dans les deux cas, une décision du ministre du commerce est nécessaire.

Art. 6. — Indépendamment des garanties spécifiées à
l'art. 29 du décret du 22 janvier 1868, les sociétés d'assurances mutuelles sont soumises aux dispositions des art.
2, 3, 4 et 5 ci-dessus.

Toutefois, le cautionnement qu'elles auront à verser est
réduit de moitié pour celles de ces sociétés dont les statuts
stipulent :

1° Que la société ne peut assurer que tout ou partie des
risques prévus par l'art. 3 de la loi du 9 avril 1898;

2° Qu'elle assure exclusivement soit les ouvriers d'une
seule profession, soit les ouvriers de professions appartenant à un même groupe d'industries, d'après une classifi-
cation générale arrêtée à cet effet par le ministre du
commerce, après avis du comité consultatif;

3° Que le maximum de contribution annuelle dont
chaque sociétaire est passible pour le payement des sinistres
est au moins double de la prime totale fixée par son contrat
pour l'assurance de tous les risques, et triple de la prime
partielle déterminée par le ministre du commerce, après
avis du comité consultatif, pour les mêmes professions et
pour les risques définis à l'art. 23 de la loi.

Art. 7. — Les sociétés anonymes d'assurances à primes
fixes et les sociétés mutuelles d'assurances sont tenues de
justifier, dès la deuxième année d'exploitation, de la constitution d'une *réserve mathématique* ayant pour minimum
de valeur le montant des capitaux représentatifs des rentes
et indemnités à servir à la suite d'accidents ayant entraîné
la mort ou une incapacité permanente.

Les capitaux représentatifs sont calculés d'après un barème minimum déterminé par le ministre du commerce, après avis du comité consultatif.

Art. 8. — Le montant de la réserve mathématique est arrêté chaque année, la société entendue, par le ministre du commerce et à l'époque qu'il détermine.

Cette réserve reste aux mains de la société. Elle ne peut être placée que dans les conditions suivantes :

1° Pour les deux tiers au moins de la fixation annuelle en valeurs de l'État ou jouissant d'une garantie de l'État ; en obligations négociables et entièrement libérées des départements, des communes et des Chambres de commerce ; en obligations foncières et communales du Crédit foncier ;

2° Jusqu'à concurrence du tiers au plus de la fixation annuelle, en immeubles situés en France et en premières hypothèques sur ces immeubles, pour la moitié au maximum de leur valeur estimative ;

3° Jusqu'à concurrence d'un dixième, confondu dans le tiers précédent, en commandites industrielles ou en prêts à des exploitations industrielles de solvabilité notoire.

Pour la fixation prévue au paragraphe 1er du présent article, les valeurs mobilières sont estimées à leur prix d'achat. Si leur valeur totale descend au-dessous de ces prix de plus d'un dixième, un arrêté du ministre du commerce oblige la société à parfaire la différence en titres nouveaux, dans un délai qui ne peut être inférieur à deux ans ni supérieur à cinq ans.

Les immeubles sont estimés à leur prix d'achat ou de revient ; les prêts hypothécaires, les commandites industrielles ou les prêts à des sociétés industrielles, aux prix établis par actes authentiques.

Art. 9. — Si les sociétés visées aux art. 2 et 6 ci-dessus ne font point elles-mêmes le service des rentes et indemnités attribuables aux termes de l'art. 3 de la loi du 9 avril 1898 pour les accidents ayant entraîné la mort ou une incapacité permanente de travail, et si elles opèrent immédiatement le versement des capitaux constitutifs de ces rentes ou indemnités à la caisse nationale des retraites, il n'y a pas lieu pour elles à constitution de réserve mathématique.

Si ces sociétés versent seulement, dans les conditions susdésignées, une partie des capitaux constitutifs dont il s'agit, leur réserve mathématique est réduite proportionnellement.

CHAPITRE II

SURVEILLANCE ET CONTROLE.

Art. 10. — Les sociétés visées à l'art. 1er qui assurent d'autres risques que celui résultant de l'application de la loi du 9 avril 1898 pour le cas de mort ou d'incapacité permanente ou qui assurent concurremment un risque analogue dans des pays étrangers doivent établir, pour les opérations se rattachant à ce risque en France, une gestion et une comptabilité absolument distinctes.

Art. 11. — Toutes les sociétés doivent communiquer immédiatement au ministre du commerce dix exemplaires de tous les règlements, tarifs, polices, prospectus et imprimés distribués ou utilisés par elles.

Les polices doivent :

1° Reproduire textuellement les art. 3, 9, 19 et 30 de la loi du 9 avril 1898;

2° Spécifier qu'aucune clause de déchéance ne pourra être opposée aux ouvriers créanciers;

3° Stipuler que les contrats se trouveraient résiliés de plein droit dans le cas où la société cesserait de remplir les conditions fixées par la loi et le présent décret.

Art. 12. — Les sociétés doivent produire au ministre du commerce, aux dates fixées par lui :

1° Le compte rendu détaillé annuel de leurs opérations,

avec des tableaux financiers et statistiques annexes dans les conditions déterminées par arrêté ministériel, après avis du comité consultatif. Ce compte rendu doit être délivré par les sociétés intéressées à toute personne qui en fait la demande, moyennant payement d'une somme qui ne peut excéder 1 franc;

2° L'état des salaires assurés et l'état des rentes et indemnités correspondant au risque spécifié à l'art. 1er, ainsi que tous autres états ou documents manuscrits que le ministre juge nécessaires à l'exercice du contrôle.

Art. 13. — Elles sont soumises à la surveillance permanente de commissaires-contrôleurs, sous l'autorité du ministre du commerce, et peuvent être en outre contrôlées par toute personne spécialement déléguée à cet effet par le ministre.

Art. 14. — Les commissaires-contrôleurs sont recrutés, dans les conditions déterminées, par arrêté du ministre du commerce, après avis du comité consultatif.

Ils prêtent serment de ne pas divulguer les secrets commerciaux dont ils auraient connaissance dans l'exercice de leurs fonctions.

Ils sont spécialement accrédités, pour des périodes fixées, auprès des sociétés qu'ils ont mission de surveiller.

Ils vérifient, au siège des sociétés, l'état des assurés et des salaires assurés, les contrats intervenus, les écritures et pièces comptables, la caisse, le portefeuille, les calculs des réserves et tous les éléments de contrôle propres, soit à établir les opérations dont résultent des obligations pour les sociétés, soit à constater la régulière exécution tant des statuts que des prescriptions contenues dans le décret du 22 janvier 1868, dans le présent décret et dans les arrêtés ministériels qu'il prévoit.

Ils se bornent à ces vérifications et constatations, sans pouvoir donner aux sociétés aucune instruction ni apporter à leur fonctionnement aucune entrave.

Ils rendent compte au ministre du commerce, qui seu prescrit, dans les formes et délais qu'il fixe, les redressements nécessaires.

ART. 15. — A l'aide des rapports de vérification et des contre-vérifications auxquelles il peut faire procéder soit d'office, soit à la demande des sociétés intéressées, le ministre du commerce présente chaque année au Président de la République un rapport d'ensemble établissant la situation de toutes les sociétés soumises à la surveillance.

Il adresse, le cas échéant, à chacune des sociétés les injonctions nécessaires et la met en demeure de s'y conformer.

ART. 16. — Il est constitué auprès du ministre du commerce un « comité consultatif des assurances contre les accidents du travail » dont l'organisation est réglée par arrêté du ministre.

Ce comité doit être consulté dans les cas spécifiés par le présent décret et par les décrets du même jour, rendus en exécution des art. 26 et 28 de la loi du 9 avril 1898. Il peut être saisi par le ministre de toutes autres questions relatives à l'application de ladite loi.

ART. 17. — Le décret du 22 janvier 1868 demeure applicable aux sociétés régies par le présent décret, en toutes celles de ses dispositions qui ne lui sont pas contraires.

ART. 18. — Chaque année, avant le 1er décembre, le ministre du commerce arrête, après avis du comité consultatif, et publie au *Journal officiel* la liste des sociétés mutuelles ou à primes fixes, françaises ou étrangères, qui fonctionnent dans les conditions prévues par les articles 26 et 27 de la loi du 9 avril 1898 et par le présent décret.

ART. 19. — Dès que, après fixation du cautionnement, dans les conditions déterminées par les art. 2 et 6 ci-dessus, chaque société actuellement existante aura effectué à la Caisse des dépôts et consignations le versement du cautionnement, mention de cette formalité sera faite au *Journal officiel* par les soins du ministre du commerce, en attendant la publication de la première liste générale prévue à l'art. 18.

Il en sera de même ultérieurement pour les sociétés constituées après publication de la liste générale annuelle.

Art. 20. — Les sociétés étrangères doivent accréditer auprès du ministre du commerce et de la Caisse des dépôts et consignations un agent spécialement préposé à la direction de toutes les opérations faites en France pour les assurances visées à l'art. 1er.

Cet agent représente seul la société auprès de l'administration. Il doit être domicilié en France.

TITRE II

Syndicats de garantie

Art. 21. — Les syndicats de garantie prévus par la loi du 9 avril 1898 lient solidairement tous leurs adhérents pour le payement des rentes et indemnités attribuables en vertu de la même loi à la suite d'accidents ayant entraîné la mort ou une incapacité permanente.

La solidarité ne prend fin que lorsque le syndicat de garantie a liquidé entièrement ses opérations soit directement, soit en versant à la caisse nationale des retraites l'intégralité des capitaux constitutifs des rentes et indemnités dues.

La liquidation peut être périodique.

Art. 22. — Ces syndicats de garantie doivent comprendre au moins 5.000 ouvriers assurés et 10 chefs d'entreprise adhérents, dont 5 ayant au moins chacun 300 ouvriers.

Art. 23. — Le fonctionnement de chaque syndicat est réglé par des statuts, qui doivent être soumis, avant toute opération, à l'approbation du gouvernement.

Il est statué, par décret rendu en Conseil d'État, sur le rapport du ministre du commerce, après avis du comité consultatif des assurances contre les accidents du travail, au vu des statuts souscrits et des pièces justifiant des conditions et des engagements prévus aux art. 21 et 22 ci-dessus.

Art. 24. — Le décret portant approbation des statuts règle :

1º Le fonctionnement de la surveillance et du contrôle, dans des conditions analogues à celles que détermine le chapitre II du titre Ier du présent décret;

2º Les conditions dans lesquelles l'approbation peut être révoquée et les mesures à prendre, en ce cas, pour le versement des capitaux constitutifs des pensions et indemnités en cours.

Art. 25. — Les contributions pour frais de surveillance sont fixées d'après le montant du cautionnement auque serait astreinte une société d'assurances pour le même chiffre de salaires assurés.

Art. 26. — Le ministre du commerce, de l'industrie, des postes et des télégraphes et le ministre des finances sont chargés, chacun en ce qui le concerne, de l'exécution du présent décret, qui sera publié au *Journal officiel* de la République française et inséré au *Bulletin des lois*.

Fait à Paris, le 28 février 1899.

Signé : Émile Loubet.

DÉCRET portant règlement d'administration publique pour l'exécution du dernier alinéa de l'article 29 de la loi du 9 avril 1898, concernant les responsabilités des accidents dont les ouvriers sont victimes dans leur travail, du 28 février 1899. (Promulgué au « Journal officiel » du 1ᵉʳ mars 1899.)

Le Président de la République française..

Sur le rapport du ministre du commerce, de l'industrie, des postes et télégraphes;

Vu l'avis du ministre des finances, en date du 2 février 1899 ;

Vu la loi du 9 avril 1898 et notamment les deux derniers alinéas de son art. 28 ainsi conçus :

« Lorsqu'un chef d'entreprise cesse son industrie, soit volontairement, soit par décès, liquidation judiciaire ou faillite, soit par cession d'établissement, le capital représentatif des pensions à sa charge devient exigible de plein droit et sera versé à la caisse nationale des retraites. Ce capital sera déterminé au jour de son exigibilité, d'après le tarif visé au paragraphe précédent.

« Toutefois, le chef d'entreprise ou ses ayants droit peuvent être exonérés du versement de ce capital s'ils fournissent des garanties qui seront à déterminer par un règlement d'administration publique. »

Vu le décret du 28 février 1899, portant règlement d'administration publique en exécution de l'art. 26 de la loi ci-dessus visée, et notamment les art. 22 à 25 dudit décret relatifs à l'exigibilité des capitaux représentatifs des pensions dues en vertu de la loi du 9 avril 1898;

Vu le décret du même jour, portant règlement d'admi-

nistration publique en exécution de l'art. 27 de la loi
ci-dessus visée, et notamment le titre II relatif aux syndicats de garantie prévus par ladite loi;

Le Conseil d'État entendu,

Décrète :

Article premier. — Lorsqu'un chef d'entreprise cesse
son industrie dans les cas prévus par l'avant-dernier alinéa
de l'art. 28 de la loi du 9 avril 1898, ce chef d'entreprise
ou ses ayants droit peuvent être enoxérés du versement à
la caisse nationale des retraites du capital représentatif
des pensions à leur charge s'ils justifient :

1º Soit du versement de ce capital à une des sociétés
visées à l'art. 18 du décret du 28 février 1899, portant
règlement d'administration publique en exécution de
l'art. 26 de la loi ci-dessus visée;

2º Soit de l'immatriculation d'un titre de rente pour
l'usufruit au nom des titulaires de pensions, le montant
de la rente devant être au moins égal à celui de la pension;

3º Soit du dépôt à la Caisse des dépôts et consignations,
avec affectation à la garantie des pensions, de titres spécifiés au paragraphe 3 de l'art. 8 du décret précité. La
valeur de ces titres, établie d'après le cours moyen de la
Bourse de Paris au jour du dépôt, doit correspondre au
chiffre maximum qu'est susceptible d'atteindre le capital
constitutif exigible par la caisse nationale des retraites.
Elle peut être revisée tous les trois ans à la valeur actuelle des pensions, d'après le cours moyen des titres au
jour de la revision;

4º Soit de l'affiliation du chef d'entreprise à un syndicat de garantie liant solidairement tous ses membres et
garantissant le payement des pensions;

5º Soit, en cas de cession d'établissement, de l'engagement pris par le cessionnaire, vis-à-vis du directeur gé-

néral de la Caisse des dépôts et consignations, d'acquitter les pensions dues et de rester solidairement responsable avec le chef d'entreprise.

ART. 2. — Des arrêtés du ministre du commerce, pris après avis du comité consultatif des assurances contre les accidents, règlent les mesures nécessaires à l'application du présent décret.

ART. 3. — Le ministre du commerce, de l'industrie des postes et des télégraphes, et le ministre des finances sont chargés, chacun en ce qui le concerne, de l'exécution du présent décret, qui sera publié au *Journal officiel* de la République française et inséré au *Bulletin des lois*.

Fait à Paris, le 28 février 1899.

Signé : ÉMILE LOUBET.

Décret fixant les émoluments alloués aux greffiers des justices de paix pour l'assistance aux actes de notoriété et pour les actes de la procédure réglée par la loi du 9 avril 1898 concernant les responsabilités des accidents dont les ouvriers sont victimes dans leur travail.

LE PRÉSIDENT DE LA RÉPUBLIQUE FRANÇAISE,

Sur le rapport du garde des sceaux, ministre de la justice;

Vu l'art. 29 de la loi du 9 avril 1898, ainsi conçu :

« Les procès-verbaux, certificats, actes de notoriété, significations, jugements et autres actes faits ou rendus en vertu et pour l'exécution de la présente loi seront délivrés gratuitement, visés pour timbre et enregistrés gratis lorsqu'il y aura lieu à la formalité de l'enregistrement.

« Dans les six mois de la promulgation de la présente loi, un décret déterminera les émoluments des greffiers de justices de paix pour leur assistance et la rédaction des actes de notoriété, procès-verbaux, certificats, significations de jugements, envois de lettres recommandées, extraits, dépôts de la minute d'enquête au greffe, et pour tous les actes nécessités par l'application de la présente loi, ainsi que les frais de transport auprès des victimes et d'enquête sur place » ;

Le Conseil d'État entendu,

Décrète :

ARTICLE PREMIER. — Il est alloué aux greffiers des justices de paix :

1° Pour assistance aux actes de notoriété, 4 francs ;

2° Pour assistance aux enquêtes sur place, ainsi qu'aux constatations auxquelles il est procédé par le juge de paix, non compris le temps du voyage, pour chaque vacation de trois heures, 4 francs ;

3° Pour assistance à l'ensemble des opérations prévues par le règlement d'administration publique rendu en exécution de l'art. 26 de la loi du 9 avril 1898, 2 francs ;

4° Pour chaque envoi de lettres recommandées, déboursés non compris, 50 centimes ;

5° Pour dépôt de rapport d'expert ou de pièces, 2 francs ;

6° Pour transmission de l'enquête au président du tribunal, tous frais de port compris, 4 francs ;

7° Pour toute mention au répertoire, 10 centimes ;

8° Pour transport à plus de 2 kilomètres du chef-lieu du canton, par kilomètre parcouru, en allant et en revenant, si le transport est effectué par chemin de fer, 20 centimes ; si le transport a eu lieu autrement, 40 centimes.

ART. 2. — Le garde des sceaux, ministre de la justice,

est chargé de l'exécution du présent décret, qui sera publié au *Journal officiel* et inséré au *Bulletin des lois.*

Fait à Paris, le 5 mars 1899.

ÉMILE LOUBET.

Par le Président de la République :

Le garde des sceaux, ministre de la justice,

GEORGES LEBRET.

Journal officiel du 6 mars 1899.

DÉCRET portant règlement d'administration publique pour l'exécution de l'article 26 de la loi du 9 avril 1898, concernant les responsabilités des accidents dont les ouvriers sont victimes dans leur travail, du 28 février 1899. (Promulgué au « Journal officiel » du 1ᵉʳ mars 1899.)

LE PRÉSIDENT DE LA RÉPUBLIQUE FRANÇAISE.

Sur le rapport du ministre du commerce, de l'industrie, des postes et des télégraphes;

Vu les avis du ministre des finances, en date des 2 décembre 1898 et 21 janvier 1899;

Vu l'avis du ministre de la justice, en date du 29 octobre 1898;

Vu la loi du 9 avril 1898 et notamment le troisième paragraphe de l'art. 26 ainsi conçu : « Un règlement d'administration publique déterminera les conditions d'organisation et de fonctionnement du service conféré par les dispositions précédentes à la Caisse nationale des retraites, et notamment les formes du recours à exercer contre les chefs d'entreprise débiteurs ou les sociétés d'assurances et les syndicats de garantie, ainsi que les conditions dans lesquelles les victimes d'accidents ou leurs ayants droit seront admis à réclamer à la caisse le payement de leurs indemnités » ;

Vu la loi du 20 juillet 1886 et le décret du 29 décembre 1836;

Le Conseil d'État entendu,

Décrète :

TITRE PREMIER

Conditions dans lesquelles les victimes d'accidents ou leurs ayants droit sont admis à réclamer le payement de leurs indemnités.

ARTICLE PREMIER. — Tout bénéficiaire d'une indemnité liquidée en vertu de l'art. 16 de la loi du 9 avril 1898, à la suite d'un accident ayant entraîné la mort ou une incapacité permanente de travail, qui n'aura pu obtenir le payement, lors de leur exigibilité, des sommes qui lui sont dues, doit en faire la déclaration au maire de la commune de sa résidence.

ART. 2. — La déclaration est faite soit par le bénéficiaire de l'indemnité ou son représentant légal, soit par un mandataire; elle est exempte de tous frais.

ART. 3. — La déclaration doit indiquer :

1° Les nom, prénoms, âge, nationalité, état civil, profession, domicile du bénéficiaire de l'indemnité;

2° Les nom et domicile du chef d'entreprise débiteur ou la désignation et l'indication du siège de la société d'assurance ou du syndicat de garantie qui aurait dû acquitter la dette à ses lieu et place;

3° La nature de l'indemnité et le montant de la créance réclamée;

4° L'ordonnance ou le jugement en vertu duquel agit le bénéficiaire;

5° Le cas échéant, les nom, prénoms, profession et domicile du représentant légal du bénéficiaire ou du mandataire.

Art. 4. — La déclaration, rédigée par les soins du maire, est signée par le déclarant.

Le maire y joint toutes les pièces qui lui sont remises par le réclamant, à l'effet d'établir l'origine de la créance, ses modifications ultérieures et le refus de payement opposé par le débiteur : chef d'entreprise, société d'assurances ou syndicat de garantie.

Art. 5. — Récépissé de la déclaration et des pièces qui l'accompagnent est remis par le maire au déclarant.

La déclaration et les pièces produites à l'appui sont transmises par le maire au directeur général de la Caisse des dépôts et consignations dans les vingt-quatre heures.

Art. 6. — Le directeur général de la Caisse des dépôts et consignations adresse, dans les quarante-huit heures à partir de sa réception, le dossier au juge de paix du domicile du débiteur, en l'invitant à convoquer celui-ci d'urgence par lettre recommandée.

Art. 7. — Le débiteur doit comparaître au jour fixé par le juge de paix soit en personne, soit par mandataire.

Il lui est donné connaissance de la réclamation formulée contre lui.

Procès-verbal est dressé par le juge de paix des déclarations faites par le comparant, qui appose sa signature sur le procès-verbal.

Art. 8. — Le comparant qui ne conteste ni la réalité ni le montant de la créance, est invité par le juge de paix soit à s'acquitter par devant lui, soit à expédier au réclamant la somme due au moyen d'un mandat-carte et à communiquer au greffe le récépissé de cet envoi.

Cette communication doit être effectuée au plus tard

le deuxième jour qui suit la comparution devant le juge de paix.

Le juge de paix statue sur le payement des frais de convocation.

Il constate, s'il y a lieu, dans son procès-verbal la libération du débiteur.

Art. 9. — Dans le cas où le comparant, tout en reconnaissant la réalité et le montant de sa dette, déclare ne pas être en état de s'acquitter immédiatement, le juge de paix est autorisé, si les motifs invoqués paraissent légitimes, à lui accorder pour sa libération un délai qui ne peut excéder un mois.

Dans ce cas, en vue du payement immédiat prévu à l'art. 13 ci-dessous, le procès-verbal dressé par le juge de paix constate la reconnaissance de dette et l'engagement pris par le comparant de se libérer dans le délai qui lui a été accordé au moyen soit d'un versement entre les mains du caissier de la Caisse des dépôts et consignations à Paris ou des préposés de la Caisse dans les départements, soit de l'expédition d'un mandat-carte payable au caissier général à Paris.

Art. 10. — Si le comparant déclare ne pas être débiteur du réclamant ou n'être que partiellement son débiteur. le juge de paix constate dans son procès-verbal le refus total ou partiel de payement et les motifs qui en ont été donnés.

Il est procédé pour l'acquittement de la somme non contestée suivant les dispositions des art. 8 ou 9, tous droits restant réservés pour le surplus.

Art. 11. — Au cas où le débiteur convoqué ne comparaît pas au jour fixé, le juge de paix procède dans la huitaine à une enquête à l'effet de rechercher :

1° Si le débiteur convoqué n'a pas changé de domicile;

2° S'il a cessé son industrie soit volontairement, soit par cession d'établissement, soit par suite de faillite ou de liquidation judiciaire et, dans ce cas, quel est le syndic ou le liquidateur, soit par suite de décès et, dans l'affirmative, par qui sa succession est représentée.

Le procès-verbal dressé par le juge de paix constate la non-comparution et les résultats de l'enquête.

Art. 12. — Dans les deux jours qui suivent soit la libération immédiate du débiteur, soit sa comparution devant le juge de paix au cas où il a refusé le payement ou obtenu un délai, soit la clôture de l'enquête dont il est question en l'article précédent, le juge de paix adresse au directeur général de la Caisse des dépôts et consignations le dossier et y joint le procès-verbal par lui dressé.

Art. 13. — Dès la réception du dossier, s'il résulte du procès-verbal dressé par le juge de paix que le débiteur n'a pas contesté sa dette, mais ne s'en est pas libéré, ou si les motifs invoqués pour refuser le payement ne paraissent pas légitimes, le directeur général de la Caisse des dépôts et consignations remet au réclamant ou lui adresse, par mandat-carte, la somme à laquelle il a droit. Il fait parvenir également au greffier de la justice de paix le montant de ses déboursés et émoluments.

Il est procédé de même, si le débiteur ne s'est pas présenté devant le juge de paix et si la réclamation du bénéficiaire de l'indemnité paraît justifiée.

Arl. 14. — Dans le cas où les motifs invoqués par le comparant pour refuser le payement paraissent fondés ou, en cas de non-comparution, si la réclamation formulée par le bénéficiaire ne semble pas suffisamment justifiée, le directeur général de la Caisse des dépôts et consignations renvoie, par l'intermédiaire du maire, au réclamant le dossier par lui produit en lui laissant le temps d'agir contre la personne dont il se prétend le créancier, conformément aux règles du droit commun.

Le montant des déboursés et émoluments du greffier est, en ce cas, acquitté par les soins du directeur général et imputé sur les fonds de garantie.

TITRE II

Du recours de la caisse des retraites pour le recouvrement de ses avances et pour l'encaissement des capitaux exigibles.

ART. 15. — Le recours de la Caisse nationale des retraites est exercé aux requête et diligence du directeur général de la Caisse des dépôts et consignations, dans les conditions énoncées aux articles suivants.

ART. 16. — Dans les cinq jours qui suivent le payement fait au bénéficiaire de l'indemnité et au greffier de la justice de paix, conformément aux art. 13 et 14, ou à l'expiration du délai dont il est question à l'art. 9, si le remboursement n'a pas été opéré dans ce délai, le directeur général de la Caisse des dépôts et consignations informe le débiteur, par lettre recommandée, du payement effectué pour son compte.

La lettre recommandée fait en même temps connaître que, faute par le débiteur d'avoir remboursé dans un délai de quinzaine le montant de la somme payée, d'après un des modes prévus au dernier alinéa de l'art. 9, le recouvrement sera poursuivi par la voie judiciaire.

ART. 17. — A l'expiration du délai imparti par le deuxième alinéa de l'art. 16 ci-dessus, il est délivré par le directeur général de la Caisse des dépôts et consignations, à l'encontre du débiteur qui ne s'est pas acquitté, une contrainte pour le recouvrement.

ART. 18. — La contrainte décernée par le directeur général de la Caisse des dépôts et consignations est visée et déclarée exécutoire par le juge de paix du domicile du débiteur.

Elle est signifiée par ministère d'huissier.

ART. 19. — L'exécution de la contrainte ne peut être

interrompue que par une opposition formée par le débiteur
et contenant assignation donnée au directeur général de la
Caisse des dépôts et consignations devant le tribunal civil
du domicile du débiteur.

Art. 20. — L'instance à laquelle donne lieu l'opposition
à contrainte est suivie dans les formes et délais déterminés
par l'art. 65 de la loi du 22 frimaire an VII sur l'enregistrement.

Art. 21. — Les frais de poursuites et dépens de l'instance auxquels a été condamné le débiteur débouté de son
opposition sont recouvrés par le directeur général de la
Caisse des dépôts et consignations au moyen d'un état
de frais taxé sur sa demande et rendu exécutoire par le
président du tribunal.

Art. 22. — Lorsque le capital représentatif d'une pension est, conformément aux termes de l'art. 28 de la
loi du 9 avril 1898, devenu exigible par suite de la faillite
ou de la liquidation judiciaire du débiteur, le directeur
général de la Caisse des dépôts et consignations représentant la Caisse nationale des retraites pour la vieillesse
demande l'admission au passif pour le montant de sa
créance.

Il est procédé, dans ce cas, conformément aux dispositions des art. 591 et suivants du Code de commerce et
de la loi du 4 mars 1889 sur la liquidation judiciaire.

Art. 23. — En cas d'exigibilité du capital par suite
d'une des circonstances prévues en l'art. 28 de la loi du
9 avril 1898 autre que la faillite ou la liquidation judiciaire
du débiteur, le directeur général de la Caisse des dépôts et
consignations, par lettre recommandée, met en demeure
le débiteur ou ses représentants d'opérer dans les deux
mois qui suivront la réception de la lettre le versement à
la Caisse nationale des retraites du capital exigible, à moins
qu'il ne soit justifié que les garanties prescrites par le décret du 28 février 1899, portant règlement d'administra-

tion publique en exécution de l'article 28 de la loi ci-dessus visée, ont été fournies.

ART. 24. — Si, à l'expiration du délai de deux mois, le versement n'a pas été effectué ou les garanties exigées n'ont pas été fournies, il est procédé au recouvrement dans les mêmes conditions et suivant les formes énoncées aux articles 17 à 21 du présent décret.

ART. 25. — En dehors des délais fixés par les dispositions qui précédent, le directeur général de la Caisse des dépôts et consignations peut accorder au débiteur tous délais ou toute facilités de payement.

Le directeur général peut également transiger.

TITRE III

Organisation du fonds de garantie.

ART. 26. — Le fonds de garantie institué par les articles 24 et 25 de la loi du 9 avril 1898 fait l'objet d'un compte spécial ouvert dans les écritures de la Caisse des dépôts et consignations.

ART. 27. — Le ministre du commerce adresse au Président de la République un rapport annuel, publié au *Journal Officiel* sur le fonctionnement général du fonds de garantie visé par les art. 24 à 26 de la loi du 9 avril 1898.

ART. 28. — Les recettes du fonds de garantie comprennent :

1º Les versements effectués par le Trésor public, représentant le montant des taxes recouvrées en conformité de l'art. 25 de la loi du 9 avril 1898.

2º Les recouvrements effectués sur les débiteurs d'indemnités dans les conditions prévues aux titres I et II du présent décret;

3º Les revenus et arrérages et le produit du remboursement

des valeurs acquises en conformité de l'art. 30 du présent décret;

4° Les intérêts du fonds de roulement prévu au deuxième alinéa du même article.

Art. 29. — Les dépenses du fonds de garantie comprennent :

1° Les sommes payées aux bénéficiaires des indemnités;

2° Les sommes versées sur des livrets individuels à la Caisse nationale des retraites pour la vieillesse et représentant les capitaux de pensions exigibles dans les cas prévus par l'art. 28, § 3, de la loi du 9 avril 1898;

3° Le montant des frais de toute nature auxquels donne lieu le fontionnement du fonds de garantie.

Art. 30. — Les ressources du fonds de garantie sont employées dons les conditions prescrites par l'art. 22 de la loi du 20 juillet 1886.

Les sommes liquides reconnues nécessaires pour assurer le fonctionnement du fond de garantie sont bonifiées d'un intérêt calculé à un taux égal à celui qui est adopté pour le compte courant ouvert à la Caisse des dépôts et consignations dans les écritures du Trésor public.

Art. 31. — Le ministre du commerce, de l'industrie, des postes et des télégraphes, le ministre des finances et le garde des sceaux, ministre de la justice, sont chargés, chacun en ce qui le concerne, de l'exécution du présent décret qui sera publié au *Journal officiel* de la République française et inséré au *Bulletin des lois.*

Fait à Paris, le 28 février 1899.

Signé : Émile Loubet.

LOI étendant, en vue de l'application de la loi du 9 avril 1898, les opérations de la Caisse nationale d'assurances en cas d'accidents.

Le Sénat et la Chambre des députés ont adopté,

Le Président de la République promulgue la loi dont la teneur suit :

ARTICLE PREMIER. — Les opérations de la Caisse nationale d'assurances en cas d'accidents, créée par la loi du 11 juillet 1868, sont étendues aux risques prévus par la loi du 9 avril 1898, pour les accidents ayant entraîné la mort ou une incapacité permanente, absolue ou partielle.

Les tarifs correspondants seront, avant le 1er juin 1899, établis par la Caisse nationale d'assurances en cas d'accidents et approuvés par décret rendu sur le rapport du ministre de commerce, de l'industrie, des postes et des télégraphes, et du ministre des finances,

Les primes devront être calculées de manière que le risque et les frais généraux d'administration de la Caisse soient entièrement couverts, sans qu'il soit nécessaire de recourir à la subvention prévue par la loi du 11 juillet 1868.

ART. 2. — La loi du 9 avril 1898 ne sera appliquée qu'un mois après le jour où la Caisse des accidents aura publié ces tarifs au *Journal officiel* et admis les industriels à contracter des polices, et, où ces tarifs auront été approuvés par décret rendu sur le rapport du ministre du commerce, de l'industrie, des postes et des télégraphes, et du ministre des finances.

En aucun cas, cette prorogation ne pourra excéder le 1er juillet 1899.

La présente loi, délibérée et adoptée par le Sénat et

la Chambre des députés, sera exécutée comme loi de l'Etat.

Fait à Paris, le 24 mai 1899.

Emile Loubet.

Par le président de la République :

Le ministre de l'industrie, du commerce,
des postes et des télégraphes.

Paul Delombre.

Le ministre des finances.

P. Peytral.

Note sur le fonctionnement de la Caisse nationale d'assurances en cas d'accidents, en ce qui concerne l'application de la loi du 24 mai 1899.

La Caisse nationale d'assurances en cas d'accidents, créée par la loi du 11 juillet 1868, est autorisée, par la loi du 24 mai 1899, à étendre ses opérations aux risques prévus par la loi du 9 avril 1898 pour les accidents ayant entraîné la mort ou une incapacité de travail permanente, absolue ou partielle.

La Caisse nationale d'assurances en cas d'accidents est placée sous la garantie de l'État et gérée par la direction générale de la Caisse des dépôts et consignations.

Tout chef d'entreprise qui veut contracter une assurance peut s'adresser : à partir du 1er juin, à Paris à la direction générale de la Caisse des dépôts et consignations, 56 rue de Lille; chez le receveur central des finances de la Seine. 16, place Vendôme; les receveurs percepteurs des contributions directes ou les receveurs des postes; — Dans les départements, chez les trésoriers-payeurs généraux, les receveurs particuliers des finances, les percepteurs des contributions directes ou les receveurs des postes.

Le chef d'entreprise souscrit une demande et y joint les renseignements nécessaires à la direction générale de la Caisse des dépôts et consignations pour l'évaluation des risques à assurer.

Toutefois, le souscripteur de la demande et la Caisse nationale d'assurances ne sont engagés que par la signature de la police définitive.

L'assurance porte, en principe, sur tout le personnel (employés, ouvriers et apprentis) à occuper soit par le souscripteur lui-même, soit par ses tâcherons ou sous-traitants pour l'exercice de la profession déclarée.

Elle garantit le payement des rentes et pensions à accorder aux victimes d'accidents ou à leur ayants droit. Elle garantit, en outre, à la demande du souscripteur, le payement des frais funéraires, des indemnités journalières et des frais médicaux et pharmaceutiques dus à la suite d'accidents mortels ou d'accidents ayant entraîné une incapacité permanente. Elle ne couvre, en aucun cas, les frais et indemnités résultant de l'incapacité temporaire.

Aucune clause de déchéance ne sera opposée aux ouvriers par la Caisse nationale.

Lors de la signature de la police, l'assuré aura à donner la liste de son personnel et, par la suite, à faire connaître les changements qui surviendront dans l'état de ce personnel. A cet effet, des imprimés seront fournis à l'assuré par la Caisse nationale d'assurances.

La prime est fixée provisoirement dans la police d'après les déclarations acceptées du chef de l'entreprise en ce qui concerne le montant des salaires.

La police est annuelle; la prime est payable par quart et d'avance, de trois mois en trois mois, à toutes les caisses désignées ci-dessus.

Il est versé, en outre, à titre de provision, une somme égale au quart de la prime provisoire. Dans le cas où le personnel employé viendrait, en cours d'assurance, à dépasser notablement les prévisions du chef d'entreprise, un complément de provision pourrait lui être demandé.

En fin d'assurance, il est procédé au règlement définitif de la prime qui donne lieu soit à un versement de l'assuré, soit à un rembousement de la Caisse d'assurances.

MODÈLE I

DÉCLARATION D'ACCIDENT DU TRAVAIL (ᵃ)
(Art. 11 de la loi du 9 avril 1898)

Le soussigné, (1)
déclare à M. le maire de la commune de
canton de
arrondissement de
département de
conformément à l'article 11 de la loi du 9 avril 1898, qu'un accident ayant occasionné une incapacité de travail est survenu à (2)
le (3)
dans (4)

Note : Il nous a paru inutile de reproduire les modèles 2, 3, 4, 5, qui sont à l'usage particulier du personnel des mairies.

(ᵃ) Cette déclaration doit être remise à la mairie dans les quarante huit heures de l'accident.

(1) Nom, prénoms, spécifier la qualité de chef d'entreprise, *ou de* préposé du chef d'entreprise, *ou* de victime de l'accident, *ou* de représentant de la victime.

(2) Nom, prénoms et adresse de la victime.

(3) Date et heure de l'accident.

(4) Indiquer la nature de l'établissement et le lieu où il est situé, ainsi que l'atelier où a eu lieu l'accident.

De cet accident ont été témoins (5)

Je joins à la présente déclaration un certificat médical émanant du docteur (6)　　　　et indiquant l'état de la victime, les suites probables de l'accident et l'époque à laquelle il sera possible d'en connaître le résultat définitif.

Fait à　　　　　, le　　　　　189　.

(*Signature.*)

LOI relative à la résiliation des polices d'assurances sous-crites par les chefs d'entreprises soumis à l'application de la loi du 9 *avril* 1898 *sur les accidents*.

Article unique. — Pendant une période d'un an à partir du jour de la promulgation de la présente loi, les polices d'assurances accidents concernant les industries prévues à l'article 1ᵉʳ de la loi du 9 avril 1898, et antérieures à cette loi pourront être dénoncées par l'assureur ou par l'assuré au moyen d'une déclaration au siège social ou chez l'agent local, dont il sera donné récépissé, soit par acte extrajudiciaire.

Les polices non dénoncées dans ce délai seront régies par le droit commun.

La présente loi, etc...

Fait à Paris, le 29 juin 1899.

Emile LOUBET.

Journal Officiel du 30 Juin 1899.

(5) Noms, prénoms et adresses.
(6) Nom et adresse.

LOI concernant les accidents causés dans les exploitations agricoles par l'emploi de machines mues par des moteurs inanimés.

Le Sénat et la Chambre des députés ont adopté,
Le président de la République promulgue la loi dont la teneur suit :

Article unique. — Les accidents occasionnés par l'emploi des machines agricoles mues par les moteurs inanimés et dont sont victimes, par le fait ou à l'occasion du travail, les personnes, quelles qu'elles soient, occupées à la conduite ou au service de ces moteurs ou machines, sont à la charge de l'exploitant dudit moteur.

Est considéré comme exploitant : l'individu ou la collecitvité qui dirige le moteur ou le fait diriger par ses préposés.

Si la victime n'est pas salariée ou n'a pas un salaire fixe, l'indemnité due est calculée, selon les tarifs de la loi du 9 avril 1898, d'après le salaire moyen des ouvriers agricoles de la commune.

En dehors du cas ci-dessus déterminé, la loi du 9 avril 1898 n'est pas applicable à l'agriculture.

La présente loi, délibérée et adoptée par le Sénat et la Chambre des députés, sera exécutée comme loi de l'État.

Fait à Paris, le 30 juin 1899.

Émile LOUBET.

Par le président de la République.

Le ministre du commerce, de l'industrie,
des postes et des télégraphes,

A. MILLERAND.

TABLE ANALYTIQUE

DES MATIÈRES

NOTIONS PRÉLIMINAIRES

CHAPITRE PREMIER

CARACTÈRES DE LA LOI DU 9 AVRIL 1898

§. 1. *Principe nouveau de la responsabilité
Exclusion de l'art. 1382. Théorie de la faute inexcusable*

§ 4. Conditions dans lesquelles prend naissance la créance d'indemnité

CHAPITRE II

PERSONNES VISÉES PAR LA LOI DU 9 AVRIL 1898

Iʳᵉ SECTION

1° Débiteur de l'indemnité : le chef d'entreprise

2° Créanciers de l'indemnité : l'ouvrier, l'employé ou ses représentants

IIᵉ Section

*Industries auxquelles le chef d'entreprise et la victime
d'accident doivent appartenir*

CHAPITRE III

Indemnités accordées par la loi du 9 avril 1898

Iʳᵉ Section

Caractères généraux de l'indemnité

IIᵉ Section

Indemnités allouées à la victime

§ 1ᵉʳ. *Indemnité en cas d'incapacité temporaire*

§ 2. *Indemnité en cas d'incapacité permanente*

IIIe Section

Indemnités allouées aux représentants

IVe Section

Lieu de paiement des rentes constituées. Règles pour le versement du capital des rentes. Revision

§ 1er. *Lieu de paiement des rentes constituées*

§ 2. *Règle pour le versement du capital des rentes*

§ 3. *Revision*

CHAPITRE IV

Comment obtenir l'indemnité

Section I. — *Procédure préliminaire. Enquête*

Section II. — *Procédure à fin de condamnation.
Prescription. Procédure de revision. Frais.*

Iʳᵉ Section. — *Procédure préliminaire*

FRAIS

CHAPITRE V

DES GARANTIES

SECTION I. — *Incapacité temporaire : 1° Privilège ; 2° Sociétés de Secours mutuels et caisse de secours.*

SECTION II. — *Incapacité permanente et mort : 1° Assurances ; 2° syndicats de garantie ; 3° caisse des retraites ; 4° versement du capital.*

Ire SECTION

§ 1er. *Privilège*

§ 2. *Sociétés de Secours Mutuels et caisse de Secours*

IIe Section. — *Incapacités permanentes et mort*

1° *Assurances*

TABLE DES TEXTES EXPLIQUÉS

1° LOI DU 9 AVRIL 1898 (Voir texte p. 259)

ARTICLES DE LA LOI	NUMÉROS	ARTICLES DE LA LOI	NUMÉROS
1	46 — 67 à 76 — 77 à 80 — 81 et 82 — 84 à 93 — 110 à 130	17	260 à 266
2	24 et 25 — 36 — 50 et 51 — 52 — 54 — 82 — 291	18	44 — 177 — 266 à 270 —
3	94 à 108 — 139 — 142 à 150 — 164 à 175 — 176 à 190 — 291	19	56 — 177 — 203 à 206 — 271 et 272
4	77 — 152 et 153 — 175 — 181	20	27 à 36
5	77 — 284 à 293	21	58 — 61 à 65 — 193 à 197 — 199
6	285 à 293	22	240 à 248 — 271
7	36 à 45 — 77 — 100	23	281 à 284 — 292
8	150 et 151	24	296 — 306 — 309 — 322 — 331
9	197 à 200	25	331 à 333
10	154 à 164 — 167	26	283 — 296 — 300 — 309 — 322 — 326 et 327
11	208 à 210 — 216	27	296 — 297 à 306
12	217 à 225 — 250 — 268 — 271	28	192 — 333 à 348
13	130 — 219 à 232 — 250 — 271 — 273	29	273 à 278
14	210 à 216	30	48 et 49 — 52 — 54 — 58 — 61
15	248 à 250	31	348
16	56 — 146 à 150 — 232 — 239 — 250 — 251 à 260	32	132
		33	349
		34	350

PARIS. TYP. DE E. PLON, NOURRIT ET Cie, 8, RUE GARANCIÈRE. — 183.

A LA MÊME LIBRAIRIE :

La Démocratie et ses conditions morales, par le vicomte Philibert d'Ussel. Un vol. in-18. Prix . . . . 3 fr. 50
(Couronné par l'Académie des sciences morales et politiques.)

Traité de la législation concernant les manufactures, ateliers dangereux, insalubres et incommodes, par M. Taillandier, conseiller à la Cour d'appel de Paris. Un vol. in-8°. Prix . . . . 3 fr.

La Vie morale et intellectuelle des ouvriers, par M. Eugène Talon, ancien député, membre de la Commission supérieure du travail des enfants dans l'industrie. 2e édition. Un vol. in-18. Prix . . . . 5 fr.

Des bases de l'ordre social, par J. Rey, de Grenoble, conseiller à la Cour d'Angers. Deux vol. in-8°. Prix . . . . 15 fr.

Des Sociétés commerciales, ou commentaire sur les Sociétés en général, les diverses espèces de Sociétés de commerce, la manière de constater l'arbitrage forcé, la dissolution des Sociétés, etc., par E. Persil, avocat. Un vol. in-8°. Prix . . 4 fr.

Manuel des ateliers dangereux, insalubres ou incommodes, ou Recueil de la législation et de la jurisprudence en cette matière, par Macarel. Un vol. in-18. Prix . . . . 3 fr. 50

Entrepreneurs et Ouvriers. Étude sur l'amélioration morale et matérielle du sort de la classe ouvrière, par Lucien Douillard, architecte du gouvernement. 3e éd. Brochure in-8°. 1 fr.

De la Condition juridique des Français à l'étranger, d'après les traités et les conventions diplomatiques, les principes du droit international privé, la législation et la jurisprudence française et étrangère, par Ferdinand Gary, docteur en droit, lauréat de l'Académie de législation, juge à Limoux. Un vol. in-8°. Prix . . . . 10 fr.
(Couronné par la Faculté de droit de Toulouse.)

Code des Falsifications agricoles, industrielles et commerciales. Manipulations permises et sophistications. Lois, décrets, ordonnances, circulaires, jurisprudence et documents divers, avec commentaires, par J. Desclozeaux, avocat à la Cour d'appel de Paris. Un vol. in-12 avec supplément. 6 fr.

Le Code de commerce et les lois commerciales. Commentaire usuel indiquant sous chaque article les solutions théoriques et pratiques de la jurisprudence, par Campenon. Un vol. in-32. Prix . . . . 2 fr.

Les Doctrines des Congrès ouvriers de France, Paris — Lyon — Marseille, par Olivier de Ceinmar. In-18 . . . 2 fr. 50

PARIS. TYP. DE E. PLON, NOURRIT ET Cie, 8, RUE GARANCIÈRE. — 183.

www.ingramcontent.com/pod-product-compliance
Lightning Source LLC
LaVergne TN
LVHW051049060726
842525LV00003B/585